WOLFGANG HASENPUSCH

POLITIK IN ASPIK

Bibliografische Information der Deutschen Nationalbibliothek: Die Deutsche Nationalbibliothek verzeichnet diese Publikation in der Deutschen Nationalbibliografie; detaillierte bibliografische Daten sind im Internet über dnb.dnb.de abrufbar.

© 2023 Wolfgang Hasenpusch
Herstellung und Verlag: BoD – Books on Demand, Norderstedt
ISBN: 978-3-734719455

INHALT:

Politik in Aspik, Einleitung	3
Staatsformen	7
Berufung zum Politiker	10
Rede- und Meinungsfreiheit	21
Politik und Kunst	27
Wahlen	34
„Brexit"	39
Sabotage an Gasleitungen	44
Sabotage an Stromleitungen	49
Sabotage an Wasserleitungen	53
Kriege	56
Auf der Flucht	62
Unqualifizierte Minister	70
Politiker	79

Der Sozialstaat hat seinen Preis	88
Unsere knappen Ressourcen	93
Intellektuelle Ressourcen	105
Ungereimtes auf der Welt	115
Die Erderwärmung	126
Der Druck der Opposition	130
Einwanderungspolitik	144
The German Angst	152
Korruption	165
Kartelle	177
Subventionen	185
Steuern	190
Bildungs-Politik	200
Nachhaltigkeit	209
Verkehrs-Politik	232
Sicherheits-Politik	240
Wie sieht die Welt auf Deutschland?	249
Was uns die Zukunft bringt	260

POLITIK IN ASPIK

Politik sollte zumindest in seinen Resultaten transparent und nachvollziehbar sein. Das ist sie den Bürgern und Wählern schuldig.

Aber wie in einer Gallerte bleiben viele Details der Entscheidungs-Prozesse sowie ganzheitliche Betrachtungen politischer Resultate im Nebulösen verborgen.

Die schlagfertigsten Journalisten vermögen den Politikern nur sehr selten zu entlocken, was Schatten auf ihre Arbeiten werfen könnte.

Dabei sind die Präsentationen von inländischer und internationaler Politik in qualitativer und quantitativer Weise derart unübersichtlich geworden, dass sie den meisten ernsthaft am Weltgeschehen interessierten Menschen wie ein Hering in Aspik vorkommen.

Dabei beschränkt sich der Fokus des Interesses in den wenigsten Fällen nur auf die Innen- und Außenpolitik eines Heimatlandes, sondern richtet seine Scheinwerfer beispielsweise auf soziale, umweltpolitische, finanzielle, rechtliche oder Sicherheits-Aspekte, Bereiche die zudem eng miteinander verzahnt und verwoben sind.

Oft dringen gezeichnete Karikaturen tiefgründiger in politische Aktionsfelder ein, als es Berichte, Interviews und Statements trotz aller Mühen und Professionalität vermögen.

Vielleicht schenken auch Verse in ihrer reimenden Struktur eine neue Sicht zahlreicher politischer Zusammenhänge.

Beides zusammen sorgt auf jeden Fall für eine abwechslungsreiche Unterhaltung, auf die Sie sich gerne einlassen mögen.

Das jedenfalls wünscht Ihnen

Wolfgang Hasenpusch   Hanau, 2023

Staatsformen

Nach Barbarei, Tyrannei und Monarchie
verbreitet sich in der westlichen Welt die Demokratie,
mitunter auch nur scheinbar, als Utopie.

Der Reichtum der adligen Monarchien,
als machtvolle, pompöse Oligarchien,
entstand durch Ausbeutung der Kolonien.

Trotz ihrer stark reduzierten Macht,
hat es Adlige nicht zum Verschwinden gebracht,
weil mancher glamouröse Schlagzeilen entfacht.

Demokratie beschreibt das Volk als Souverän,
mit Bürgern die ab und an zur Wahlurne geh´n,
ihre Stimmen denen geben, die zur Wahl steh´n.

Bei zwei Parteien ist der Wahlausgang klar,
bei dreien nehmen die Wähler Koalitionen wahr,
und der Verlierer mutiert zum Koalitions-Star.

Bei mehreren Parteien folgen Kompromisse,
Grabenkämpfe und obskure Verhältnisse,
mitunter sogar schwere Vertrauensrisse.

Aber immer werden die Wähler manipuliert,
verwirrt und mit falschen Versprechen hofiert.
Nicht selten ist er durch die Resultate irritiert.

Aber in ein paar Jahren hat er wieder die Wahl.
Derzeit entziehen sich aber immer mehr der Qual
und meiden den Gang zum Wählersaal.

Dabei sind die meisten Wähler desinteressiert,
weil kaum einer die Zusammenhänge kapiert,
die Lust an den vielen Informationen verliert.

So wurde die optimale Staatform der Demokratie
zu einer enttäuschten Schicksals-Ironie,
einer egozentrischen Politiker-Partie.

Überall fehlt es an nachhaltigen Kontrollen,
weil alle Mächtigen nur selbst ihr Bestes wollen
und allen Anstand und Regeln umrollen!

Die Polis

„Polis" wurde im alten Griechenland,
das Gemeinwesen der Stadt genannt,
im Lateinischen als „res publica" bekannt.

Aristoteles, der Philosoph, definierte die Politik
in seinem Hauptwerk mit scharfem Blick,
und beschwor damit des Volkes Glück.

Das jeweilige politische Wesen
lässt sich aus der betreffenden Verfassung lesen,
an deren getreue Umsetzung die Bürger genesen.

Durch die Zeiten hinweg
hatte Politik unterschiedlichen Zweck:
Lange galt der Tyrannei das Sakrileg.

Nach Machiavelli steht im Zentrum die Macht,
mit der der Herr nützlichen Gebrauch entfacht.
Meist jedoch hält er Gegner brutal in Schacht.

Nach Niklas Luhmann besteht Politik aus sozialen Prozessen,
an denen sich administrative Entscheidungen messen,
ohne das Wohl der Menschen zu vergessen.

Politik ist der Weg zu Frieden und Freiheit
mit abgestimmter Aktivitäten-Gesamtheit
in gesamtgesellschaftlicher Einhelligkeit.

Als Verwirklichung sozialökonomischer Ziele
sehen Soziologen im Klassenkampf viele:
die politischen Veränderungen und das Mobile.

Die gesamte Politik in ihren drei Dimensionen,
in denen Strukturen, Prozesse, Inhalte wohnen,
muss sich für alle Staatsbürger letztlich lohnen!

Es beginnt bei einer umsichtigen Legislative,
deren Umsetzung obliegt einer starken Exekutive,
gefolgt von einer unabhängigen Judikative.

Nur im Vertrauen auf die Politiker im Staat,
wachsen brauchbare Früchte aus ihrer Saat,
denn wir verehren jeden Gewinner als Akrobat.

Berufung zum Politiker

Willst Du in die Politik gehen,
Hintergründe aus erster Hand verstehen
oder am ganz großen Rad drehen?

Willst Du in der Politik mitbestimmen,
Probleme der Öffentlichkeit zum Rechten trimmen,
oder einfach nur im Background mit schwimmen?

Willst Du Menschen vertreten,
die Dich um Engagement gebeten?
Oder geht es Dir nur um Sitzungs-Diäten?

Du stehst als Politiker im Mittelpunkt,
wirst eingeladen, wo es prunkt.
Musst aber auch bleiben, wenn es mal funkt!

Deine Worte werden nie vergessen.
Nur am Erfolg wirst Du gemessen.
Nicht alle Wähler vergessen unterdessen!

Du schreibst Reden oder sie werden vorgesetzt.
Wehe, wenn Du eine der Regeln verletzt,
die Dich bis zum bitteren Eklat fetzt!

Du wirst Sklave zahlreicher Termine,
musst funktionieren wie eine Maschine,
stets mit gut gelaunter, hoffnungsvoller Miene.

Worte werden Dir auf die Goldwaage gelegt,
Dein Äußeres von Assistenten gehegt.
Nichts darf sein, was Dich fürchterlich aufregt.

Deine Familie lebt mit Bildern von Dir,
selten erscheinst Du in der eigenen Haustür,
denn die Welt offeriert so manches Pläsir.

Bei Erfolg und Anerkennung
hörst Du oft Deine Nennung,
bei Versagen folgt die bittere Rechnung.

Halte gute und glaubhafte Reden!
Dein Erfolg erfreut aber nicht jeden:
So mancher gönnt Dir erhebliche Schäden.

Die Eitelkeit der Politiker

Aber es gibt auch Kollateral-Gewinne,
ganz in Deinem beruflichen Sinne,
wenn auch das Blut vor Wut oft gerinne.

Einfluss eröffnet ungeahnte Karrieren,
die Dein Ansehen noch weiter vermehren,
Dir aber stets die Vorsicht lehren.

Vor Wahlen spielst Du den Auerhahn,
denn Du stehst in des Wählers Bann,
in diesen Wochen strengst Du Dich besonders an.

An Privates ist kaum zu denken,
weil dich Partei-Sekretäre pausenlos lenken,
Dir keine freie Minute schenken.

Hast Du die Wahl schließlich glücklich gewonnen,
sind Deine Existenz-Ängste zunächst zerronnen.
Auf fauler Haut kannst Du dich aber selten sonnen.

Wenn Du dann ganz oben stehst,
auf der ganzen Welt Deine Runden drehst,
sind Deine familiären Beziehungen längst verwest!

Von der ersten oder zweiten Frau getrennt,
keines der Kinder, das Dich noch anerkennt,
während man Dich den Karriere-Star nennt.

Menschen, die Deinen Interessenshorizont weit übersteigen,
umgeben Dich in dichtem Reigen,
und wollen sich mit Dir auf Selfies zeigen.

Sind Dir Status-Symbole bedeutender
als Familie, Freunde oder Mitarbeiter,
werde Politiker, Golfer und Turnierreiter!

Du kannst nicht mehr Dein Wunschleben leben,
weil andere Interessen Dich umweben,
und Du fühlst Dich an einer Fliegenfalle kleben.

Bist Du erst unter den Ministern,
mit all Deinen Regierungs-Geschwistern,
hörst Du überall die Kameras knistern!

Wirst eingeladen auf Galas und Bällen,
verkehrst mit den einflussreichsten Gesellen,
leistest auch Hilfestellung in einigen Fällen.

Und wirst Du dann einmal abgewählt,
weil sich Dein Ruf immer mehr in Grenzen hält,
ist es vielleicht der eine oder andere Aufsichtsrats-Posten, der Dir gefällt.

Rede- und Meinungsfreiheit

Jeglicher Gedanke bleibt frei,

solange er im Verborgenen sei.

Artikuliert ist er nicht mehr einerlei!

Verletzung, Empörung,

bei misslungener Anhörung

durch eine verletzende Meinung.

Machst Du einen zotigen Witz,

und er fällt auf den falschen Sitz,

hat Dein Ruf einen gewaltigen Ritz.

Äußerst Du Dich extrem rechts oder links,

immer gibt es Leute, denen stinkt´s.

Überhaupt aus Überzeugung äußern? – Was bringt´s?

Ein falsches Wort: Politiker müssen gehen!

Sie sahen die Fahnen der Meinungsfreiheit vergeblich wehen,

konnten der Artikulation aber nicht widerstehen.

Holocaust-Gegner stellen sich zwar dumm.

Aber warum nimmt man ihre Aussagen krumm?!

Wäre es besser, sie blieben stumm?

Verbotene Zeichen, verbotene Reden,

bestimmte Fahnen hat man sich verbeten.

Erzeugen deren Nutzer wirklich große Schäden?

Rechts-gesinnte Polizisten und Soldaten
waren in dieser Zeit extrem schlecht beraten,
dass sie ihre Meinung öffentlich vertraten.

Haben Politiker mal etwas Unschickliches gesagt,
etwas unverblümt privat zu äußern gewagt,
werden sie gleich von den Medien angeklagt.

So ein Politiker einmal ehrlich artikuliert,
was ihm seine Überzeugung instruiert,
ist er in seiner Partei für lange Zeit blamiert.

Kein Wunder, wenn aus des Politikers Mund,
nur Phrasen-Gebell fließt, wie aus einem Hund.
Hauptsache, das politische Image bleibt gesund!

So wird dann pauschal und stereotyp gesagt:
„Wir haben wieder sehr erfolgreich getagt!",
selbst wenn man fehlende Ergebnisse beklagt.

Paparazzis, Reporter, Berichterstatter
vollführen um Politiker ein grausames Geflatter.
Daher werden ihre Kommentare immer matter.

Reden werden überprüft, kontrolliert,
damit der Politiker kein falsches Wort verliert
und seine Partei stets umfangreich hofiert.

In problematischen Situationen
durchlaufen Manuskripte juristische Stationen,
die harte Statements in weiche Musik vertonen.

„Wir sind im Gespräch!" hört man oft,

eine typisch diplomatische Antwort in extra-soft.

Dabei hätte man gerne auf die Wahrheit gehofft.

Was also ist aus der freien Meinungsäußerung geworden?

Ein argwöhnisches Lauern und Image-Morden

von Oppositions-Kollegen und Medien-Horden.

Zielorientiert abgestimmt in den Fraktionen,

verliert die Meinungsfreiheit ihre Aktionszonen.

Nur Akzeptanz kann sich für Politiker lohnen.

„Wenn Du geschwiegen hättest nach Belieben,

wärest Du ein Philosoph geblieben!"

hatte schon Boethius im 6. Jh. geschrieben.

„Gegenüber meiner Vaginal-Raute kommt mir
Ihr Phallus-Symbol recht mickerig vor!"

Politik und Kunst

Wo blieb die Kunst bei der DOCUMENTA,
in ihrer Auflage „dezi penta",
bei den vielen „Antisemitismus-Lamenta"?

Erstmals verantwortete sie ein Kollektiv.
Vorbereitungen verliefen lange und intensiv.
Aber dann lief Vieles, allzu Vieles, schief!

Die Künstlergruppe „Ruangrupa" aus Indonesien
kam zwar ohne fertiges Konzept aus Asien,
aber mit großem Missmut auf Israelien.

Wenn Kulturpolitiker nichts von Kunst verstehen,
sollten sie dieses Amt nicht pro forma versehen!

Zunächst zeigte der „Taring Padi"-Künstlerrat
ein riesengroßes, farbiges, altes Stoff-Plakat,
das auf sich judenfeindliches Motiv versteckt hat.

Es wurde schnell verdeckt, dann abgehängt.
Das hatte die freie Kunst sehr eingeschränkt,
als hätte es nur auf einen Judenhass gelenkt.

Dann folgte noch palestinensische Propaganda.
Politik-Experten verneinten einen schweren Eklat,
aber die düstere Documenta-Stimmung war da.

Die „Entkunstung" zeitgenössischer Kunst
geriet nicht gerade in die Besucher-Gunst.
Sie hatte die Stimmung gründlich verhunzt.

Kultur-Politik griff ein in das Geschehen,

Kontroll-Gremien bemühten sich ums Verstehen,

Organisatoren mussten schwarze Fahnen sehen.

Künstler fühlten sich unfair behandelt:

Wie hat sich das Kunst-Verständnis gewandelt?!

Hat etwa Politik mit moderner Kunst angebandelt?

Kultur-Manager tagten,

ihre unterstützenden Konzepte versagten,

Besucher und Künstler klagten.

Dürfen Politiker der Kunst Grenzen setzen,

Ehre und Selbstverständnis der Künstler verletzen,

gar kontrollieren und die Justiz-Messer wetzen?

Nachdem die Politiker die Vernissage verließen,
muss das Gedränge die Besucher verdrießen!

Dürfen Menschen im Namen der Kunst diffamieren?

Ethnien bloß stellen und schikanieren?

Müssen Künstler Grenzen akzeptieren?

Darf sich Kunst in Politik einmischen,

kritisieren und wie Giftschlangen zischen?

Oder kann sie den Geist der Politik gar erfrischen?

Kunst ist die vergeistigte Gegenwart,

Künstler gehen mit dem Zeitgeist an den Start,

der sich mitunter kryptisch offenbart.

Künstler sind von der Politik abhängig:

Sie sind Auftraggeber und Förderer, vorrangig,

denn Politiker lauschen der Kunst ehrfürchtig.

„Mit seiner Seilschaft blockiert er
seit Jahren die Kultur-Landschaft!"

Wahlen

Wahlen sind Ausdruck der Demokratie:
in gleicher, geheimer, freier, unabhängiger Manie
stimmen Wähler für Politiker mit ihrer Sympathie.

Wahlen laufen nach Gesetzen und Regeln ab.
Gute Vorbereitungen setzen den Maßstab,
bis jeder nach Belieben seine Stimme abgab.

Das Wahlalter beginnt mit 18 Jahren,
was früher einmal 21 Jahre waren.
Doch junge Menschen wählen nicht in Scharen!

Wahlbeteiligungen von 30 bis 60 Prozent
sind für Staatsbürger kein Kompliment,
schon gar nicht für das gewählte Parlament.

Es gibt aber junge an der Politik Interessierte,
die wollen, dass man das Alter auf 16 minimierte,
für sie als Wahl-Partizipierte.

Viele Menschen kennen kaum Wahlprogramme,
verwischen Politik wie mit einem Schwamme,
aber ärgern sich über jede politische Schramme.

Wähler tragen die Verantwortung
für eine repräsentative Wahl-Auswertung,
vermeiden aber oft jegliche Schulung.

Wenn Staatsbürger ihr Bewusstsein verlieren
und politische Wahlen unsinnig boykottgieren,
wird die Demokratie ihre Grundsätze verlieren.

Wenn Bürger nicht bei den Wahlen erscheinen,
beglücken sie damit von den Politikern keinen,
aber ziehen auch nicht an entscheidenden Leinen!

Wähler wollen den Service der Parteien.
Aber Nichtwähler dürfen nicht schreien,
stehen falsche Politiker in den Regierungs-Reihen!

Wenn allerdings Wahlunterlagen fehlen,
politische Blender die Schau stehlen,
folgt, dass sich die Wähler zur Wahlurne quälen.

Wenn dann noch Vorsatz zur Rede steht,
passiert etwas Übles, was gar nicht geht,
wofür aber das Wahlamt gerade steht.

Bürger haben ihre Freiheit schwer erfochten,
während Potentaten nur Angepasste mochten
und Widersacher hängten oder einlochten.

Nicht überall auf der Welt herrscht Freiheit
und mit freien Wahlen ist´s dort auch noch weit:
Obrigkeiten untergraben jede Gelegenheit.

Freie Wahlen sind das Fundament der Demokratie,
nur so vermeiden Staaten gestrige Despotie
schon im Keim mit entschlossener Wähler-Akribie.

Die heutige Prozedur einer politischen Wahl
ist in ihrer althergebrachten Art ein Skandal,
wo doch sonst alles per Handy läuft und digital!

Brexit

Großbritannien hat sich abgeseilt,
der Europäischen Union den Laufpass erteilt,
während diese nur noch mit 27 Staaten weilt.

Was war der Grund für die erneute Isolation,
sie gab es zur Zeit der „Splended Isolation" schon,
aber heute erscheint sie doch eher als Hohn!

Nur Gemeinschaften behaupten sich heute,
sagen die klügsten der Klugen aller Leute,
aber die Briten verlassen die EU-Meute.

Briten verweigern die hohen EU-Beiträge,

auch Flüchtlings-Aufnahmen finden sie schräge,

als ob die Exodus-Bürde bei der EU läge.

Im heiß umkämpftem Votum der Briten

wurde wieder um die Isolation gestritten,

da half kein Betteln und Bitten.

Für die bewährte Europäische Union

zeigte dich dieser Austritt als Sensation,

doch auch andere EU-Staaten murrten schon.

Es folgten lange Brexit-Verhandlungen:

„Sie müssen bluten!" verkündeten böse Zungen.

Schließlich war der Austritt halbwegs gelungen.

„Good bye, Great Britain!"

Seit 2017 verliefen die Verhandlungen formal.
Für beide Seiten gereichten sie zur langen Qual.
Den EU-Austritt verschob man einige Mal.

Nach der Premier-Ministerin Theresa May
hatte der ungestüme Boris Johnson sein Entree.
2021 war der Binnenmarkt gestriger Schnee.

Nach 48 Jahren entschied das britische Parlament,
dass es nunmehr getrennte Wege rennt.
Bleibt zu hoffen, dass es im Markt nicht verbrennt.

Denn eingefahrene Markt- und Zoll-Formalitäten
ändern sich durch neue Regeln und Spezifitäten,
als bekäme ein Fischfilet neue Gräten.

Hoffentlich bleiben die Briten nicht lange isoliert,
denn es läuft bei weitem nicht so wie geschmiert.
In Gemeinschaft hätten sie sich nicht so ruiniert!

Schon wächst der Unmut im Lande,
denn zum Brexit geblasen, hatte eine Bande,
deren Versprechen gerieten außer Rande.

Dem lockeren Boris Johnson folgte Liz Truss.
Schon im ersten Amtsjahr hatte sie wenig Spass,
der Brexit war für sie schon immer krass.

So sprang sie auch alsbald ins kalte Nass
und pfiff den Parlamentariern was:
„Einer erfahrenen Politikerin und Philosophin bietet Ihr mir nicht das!"

Sabotage an Gas-Leitungen

An Gas glaubten die deutschen Bürger schon,
schicken durch Pipelines eine große Gas-Portion,
da wurde es schnell zu einer herben Illusion.

Röhren liefen durch das Baltische Binnenmeer.
Da gehörte umfangreiches Knowhow her,
sonst liefe schon beim Verlegen einiges quer.

Die Anrainerländer hatten an die Pipeline geglaubt,
und bei Durchleitung gerne Gebühren geraubt,
und sie mit der Zeit gar in die Höhe geschraubt.

Eine Gasleitung durch die Ostsee
wäre ja noch okay.
Aber gleich zwei – nee!

Projekt-Verantwortliche wissen sehr wohl,
das Wartungskosten in Höhe der AfA liegen soll.
Auch die Sicherheits-Technik stand im Protokoll.

Haben die ersten Gase ein Rohr passiert,
und man hat sichergestellt, dass es nichts verliert,
ist der Erfolg zunächst garantiert.

Schon nach kurzer Zeit stockt der Dauerbetrieb,
weil angeblich Schmutz in den Pumpen blieb,
gar hinter dem Edelstahl-Auffangsieb.

Das Grauen durch Saboteure

Der Volllastbetrieb sollte schneller voranschreiten,

aber es bedurfte weiterer Reparatur-Arbeiten,

noch vor dem bestimmungsgemäßen Durchleiten.

Plötzlich verfiel der gesamte Norden in Schrecken:

Man musste drei, dann vier Gas-Lecks entdecken.

Das Gas sprudelte in großen Blasen-Flecken.

Zwei Wochen dauere das Gas-Sprudelbad,

Anrainerländer beschworen Sabotage gerad´,

um das dringend benötigte Methan ist es schad´!

Tauchroboter zeichneten den Schaden auf.

Diverse Spezialisten rätselten zuhauf:

Wer kam nur auf diese perfide Sabotage drauf?!

Sind es Anrainer-Staaten?
War der Wettbewerb zu groß geraten?
Oder wagten andere diese Untaten?

Schwedische Techniker untersuchen den Fall.
Glücklicherweise gas es keinen Explosionsknall,
aber der Sabotage-Akt ist fatal.

Schuldzuweisungen machen die Runde,
die USA, hört man aus berufenem Munde,
oder Polen? Genaues weiß man nicht zur Stunde.

Das Erdgas ist nichts anderes als Methan
und fällt auch als Bio-Gas hierzulande an,
wobei aber noch keine Anlage hinreichende
Mengen liefern kann.

Sabotage an Strom-Leitungen

Medien berichten von sabotierten Leitungen,

in weiten Teilen keine Zug-Verbindungen,

denn das Bahn-Netz lahm zu legen, war gelungen.

Hinterhältig und professionell,

Saboteure arbeiten gut vorbereitet und schnell.

Die Schadenshöhe steigt sensationell.

Noch lassen sich die Schäden schnell beheben,

aber wann wird es längere Ausfälle geben?

Womöglich, wenn wir in kalten Jahreszeiten leben?

Sabotage an Stromleitungen
ist schon des Öfteren misslungen!

Strom und Kommunikation
zählen zu unserem Alltag schon.
Wehe wenn da Ausfälle droh´n!

Sichere Leitungen und Leitungs-Knotenpunkte,
katastrophal, wenn einer dazwischen funkte,
was die Sicherheits-Fachkraft schon lange unkte.

Leitungs-Schäden schnell beheben,
ist die eine Seite im Leitungs-Leben,
doch Präventionen sollte es ebenfalls geben!

Gürtel und Hosenträger erhöhen die Sicherheit,
bei der leidigen Hosen-Rutschfestigkeit.
Bei Leitungen begegnet einem analoges Leid.

Dem Strom soll einmal die Zukunft gehören,
wobei Techniker auf den Wasserstoff schwören.
Von dem lässt sich als Speicher-Medium zehren.

Die Sonne auf der ganzen Welt,
die reichlich Energie bereithält,
betreibt Fotovoltaik-Anlagen auf großem Feld.

Der Strom steht dabei direkt bereit,
wobei man Überschüsse der Elektrolyse leiht.
Die produziert Wasserstoff zur Lagerung auf Zeit.

Wasserstoff ist ein hochexplosives Gas.
Durch ihn bissen schon viele Menschen ins Gras.
Bleibt zu hoffen, unsere Techniker wissen das!

Sabotage an Wasser-Leitungen

Ohne Wasser gibt es kein Leben!
Deshalb muss es sichere Leitungen geben,
die sauberes Wasser aus dem Boden heben!

Saboteure haben hier ein leichtes Spiel,
mit den Wasserwerken als leichtes Ziel,
denn Sicherheits-Konzepte taugen oft nicht viel.

Ein paar Schaufeln Sedierer in den zentralen Tank
und Menschen eines Stadtteils schlafen tagelang.
Natürlich ist schon der Gedanke krank!

Aber kranke Menschen gibt es genug auf der Welt,
die Spaß haben und es ihnen grenzenlos gefällt,
wenn die ganze verhasste Stadt den Atem anhält.

Drum seien Gemeinden gut beraten,
ihre Sicherheits-Gedanken umzusetzen in Taten,
nicht erst im Schlamassel krimineller Ereignisse waten.

In Kriegszeiten übernehmen Profis die Sabotage.
Da wäre es schon eine gehörige Blamage,
wären Brunnen gesichert, wie eine Holzgarage.

Denn ohne Wasser gibt es kein Leben!
Deshalb muss es sichere Wasserwerke geben,
die stets sauberes Wasser aus dem Boden heben!

Wegen Knappheit wird es die ersten Kriege geben!
Das können wir heute schon in Staaten erleben,
die eigenmächtig Quellen ausheben.

Wasserleitungen werden angebohrt
und zu eigenen Feldern verrohrt,
wodurch es unter der Bevölkerung rumort.

Es ist Zeit, dass aus 2 % Süßwasser auf Erden
bald mehr und mehr für Dürstende werden,
für die Menschen, ihr Land und ihre Vieh-Herden.

Große Meerwasser-Entsalzungsanlagen
errichtet man schon seit vielen Tagen,
aber noch verbessern sie kaum die Notlagen!

Kriege

Kriege sind eine grausame Fortsetzung
der politisch, diplomatischen Auseinandersetzung,
verbunden mit Ehr-, Moral- und Rechts-Verletzung.

Kriege haben keine Sieger!
Nur geistige politische Tiefflieger
bemühen Militär, ihre Waffen und Krieger.

Kriege sind ein grausames Fatal:
Zerstören Menschen und Material,
erweisen sich als völlig sinnlos allemal!

Man verkenne nicht die Kriegs-List
als ewig misstrauischer Pessimist,
denn wo Abrüstung draufsteht, sie nicht immer ist!

Kriege zeugen vom Versagen
der diplomatischen Etagen,
bringen Völker in extreme Notlagen.

Kriege verlaufen mit Schrecken,
vernichten ganze Landschafts-Flecken,
die sich in üppig gewachsener Natur erstrecken.

Wenn machtbesessene Politiker Kriege anzetteln,
lassen sie sich nicht zum Einlenken anbetteln.
In finstere Verließe sollte man sie anketteln!

Was hat all die Friedens-Forschung gebracht,
wenn ein Potentat ungezügelte Spiele macht?
Hat er nicht an das Unmenschliche gedacht?!

Das weitaus überwiegende Menschen-Heer
will absolut keine Kriege mehr.
Warum schießen da einige Machthaber quer?

Bei jedem Krieg durchfährt es einen jeden schlicht:
Warum gibt es denn kein Weltgericht,
das jeglichen Krieg sofort unterbricht???

Warum ist die Menschheit nicht weise geworden?
Benimmt sich heute noch wie Steinzeit-Horden
mit moderne Waffen, die zeitgemäß morden.

Die Erde belasten genügend Kriegsgräber.
Sie ruft die Freiheits- und Friedens-Geber,
und die Menschen verehren ihre Urheber.

Kriege gehören an den Verhandlungs-Tisch,
denn ihre Lösung kann nur sein: diplomatisch,
denn jede Aufrüstung ist trügerisch!

Krieg darf nie die Politik ersetzen,
so sehr sich die Länder auch fetzen,
denn er bringt nur Tod und Entsetzen.

Kriege haben keine Sieger,
nur verwundete und tote Krieger,
zerstörte Häuser, fliehende Anlieger!

Die Welt steht zusammen,
mit Embargos und Verdammen,
Angreifer ernten die schwersten Schrammen!

Die Globalisierung bestraft das Bekriegen,
da die Staaten ständig in Verhandlungen liegen,
um Knappheit und Armut zu besiegen.

Auf der Flucht

Auf der Flucht in das gelobte Land,
wo man Milch und Honig fand,
ist schon aus der Bibel bekannt.

Im 17. Jh. erwuchs die Flucht aus dem Glauben;
zu bleiben, konnten sie sich nicht erlauben,
weil Staaten einer Minderheit die Achtung rauben.

So flohen die verfolgten Gläubigen aus England,
aus dem katholischen Spanien und Irland
sowie aus Belgien und selbst Holland.

Waldenser, Hugenotten und Calvinisten
mussten sich für ihre Fluchtwege rüsten.
Einigen blieben auch zurück auf ihren Pisten.

Die verarmte Kleinstadt Hanau, beispielsweise,
hoben die Flüchtlinge in ganz andere Kreise;
hier endete die wallonisch-niederländische Reise.

Der Wohlstand käme dort nach wenigen Jahren,
wäre nicht der 30-jähr. Krieg übers Land gefahren.
Er verarmte die Städte und Dörfer in Scharen.

Dass die Glaubens-Flüchtlinge eifrig waren,
darüber war sich der Hanauer Graf bald im Klaren,
denn sie produzierten Fayencen und Silberwaren.

Nach den Weltkriegen gab es erneut eine Flucht,
bei der jeder eine neue Heimat sucht
und mit Entbehrung viele Elendsjahre verbucht.

Aber mit Unterstützung, Fleiß und Zunder
erreichten die Deutschen ihr Wirtschaftswunder,
der Wohlstand machte sie immer gesunder.

Trägheit und Jugendproteste breiteten sich aus,
jeder hatte seine Wohnung, sein Haus,
reiste, feierte und lebte in Saus und Braus.

Heute kommen die Flüchtlinge aus aller Welt,
weil sie sehen, wie sich der Westen darstellt,
dem der Wohlstand im Überfluss gefällt.

Kriegsflüchtlinge kommen zwar in großer Zahl,
haben zum Verlassen der Heimat keine Wahl,
tragen keine Schuld an ihrer Qual.

Nicht anders ergeht es den Armuts-Flüchtlingen,
denen ihre Staaten keine Auskommen bringen,
ja selbst nur um Wirtschaftshilfe ringen.

So wird der reiche Westen ungehemmt
von großen Flüchtlings-Scharen überschwemmt,
was kein Wohlfahrtsstaat ohne Weiteres stemmt.

„Wir schaffen das!", als Ohnmachts-Schrei,
erwies sich als eine riesengroße Heuchelei,
denn vielen Bürgern war das nicht einerlei!

Für millionen Flüchtlinge galt es zum Besten,
sich auf die Flucht zu begeben, in den Westen.
Schlepper schickten sie übers Meer, in Kästen.

Hilfsorganisationen chartern Boote,
meinen, Rettung steht zu Gebote,
als eine barmherzige Note.

Aber Pandemie, Flüchtlinge und Rezession
erwachsen zu einer gefährlichen Munition
sowie zu einer höchst brenzligen Situation.

Steuerzahler greifen tief in ihre Taschen,
das Wirtschaftswunder bekommt Laufmaschen,
und jeder Bürger will den Wohlstand erhaschen.

Sozialverbände zeigen sich überlastet,
das Krankensystem zeigt, wie es ausrastet,
politische Entscheidungen kommen gehastet.

„Die Flüchtlinge nehmen Euch doch nichts wech!",
beschwichtigte einst die Kanzlerin frech.
Aber gemeinsames Leid ist halbes Pech!

Mit der Welt steht´s nicht zum Besten!
Aber will der einigermaßen vereinte Westen
die ganze Erde retten außer mit Gesten?!

Flüchtlingsströme, die unser Wohl ersticken,
das müssen Politiker sehenden Auges erblicken
und an gemeinsamen Programmen stricken.

Die Briten kochen ihre eigene Suppe,
vielen EU-Ländern sind Flüchtlinge Schnuppe,
denn diese erwachsen zur unbändigen Gruppe.

Italien ist mit Mittelmeer-Flüchtlingen überlastet,
weil dieses Land den Großteil astet,
während manch anderer Staat mit Hilfe rastet.

Ausreise-Staaten werden mit Milliarden unterstützt,
damit deren Regierung vor Emigrationen schützt,
was den Europäern aber nur kurzfristig nützt.

Wenn millionen Flüchtlinge in Containern hausen,
ohne Beschäftigung in ihren Mehrbett-Klausen,
kann einem vor der Zukunft grausen!

Nur mit einer konzertierten Politik
entsteht die rechte Begegnungs-Taktik.
Die aber hat leider noch keiner im Blick!

Flüchtlingsströme werden so bald nicht versiegen,
aufgrund von Vertreibung, Armut und Kriegen.
Flüchtlings-Probleme sind nur konzertiert in den Griff zu kriegen!

Im Mittelmeer ist es geradezu Geschäftsmodell,
Schlepper-Banden kassieren und locken schnell.
und diverse Retter sind per Funk bald zur Stell´!

Mittelmeer-Anrainerstaaten sind überfordert,
weil man immer mehr Flüchtlings-Ströme ordert.
Manche haben ganze Landstriche „erobert".

Unqualifizierte Minister

Eine Legislaturperiode ist einfach zu lang,
manche Politiker gehören vorher an den Strang,
denn Vieles ahnt man nicht am Anfang

Erst im Laufe der Aktionszeit
haben Bürger die Gelegenheit,
zu richten über der Politiker flaue Unbeherztheit.

Nie würde man einen Maat als Kapitän einstellen!
Aber beim Militär passiert das in einigen Fällen,
wenn Präsidenten ahnungslose Minister bestellen.

Es nervt, wenn ungediente Frauen
das gesamte Militär versauen,
besonders wenn sie nur politisch schauen.

Die Sanierung der Gorch Fock war ein Desaster!
Nicht einsatzfähige Panzer und Militär-Laster
passen nicht in ein Verteidigungsheer-Raster!

Den Schlampereien folgte keine Ahndung:
Man einigte sich auf eine Hochbeförderung.
Den Bürgern fehlt da jegliche Vermittlung!

Generäle müssen diesen Stümpern salutieren,
laienhafte Minister/innen akzeptieren
und sich vor professionellen Ratschlägen zieren.

Arbeitnehmer-Arbeitgeber-Trapez

Minister drücken sich die Klinke in die Hand,
obwohl man kaum geeignete Leute fand,
denn Militär braucht eine starke Hand.

Eine besondere komische Rolle im Schatten
vollführen die Figuren der Wehrbeauftragten,
die noch nie eine militärische Ausbildung hatten.

Aber auch nach der chaotischen Verkehrsplanung
von ehrbesessenen Ministern ohne Ahnung
blieben Milliarden-Verluste bei einer Verwarnung.

Der plötzliche Ausstieg aus der Atom-Industrie,
verursachte hohe Ersatz-Zahlungen wie noch nie.
Das voreilige Vorgehen erwies sich als Idiotie.

„Ohne Berater läuft bei ihm gar nichts mehr!"

Die Verantwortliche schwirrte ab zur E-Union,
raus aus der Schusslinie kritischer Munition,
hinein in eine gut gepolsterte Brüsseler Position.

In die Europäische Union abgeschoben,
als würde man ihr Verhalten noch loben,
während Steuerzahler ob der Chaotik toben.

Dass eine Partei mit 16 Jahren Amts-Erfahrung
glaubhafte Opposition betreibt, ist Offenbarung,
denn der Scherbenhaufen ist ihre Bescherung.

Politiker ohne Erfahrung, die keiner kennt,
„Amigos" oder nach dem Studium ins Parlament,
von denen mancher zurückhaltend pennt.

Ministern fehlt die Verantwortungs-Erfahrung,
denn außer ständiger Image-Wahrung,
bieten sie kaum etwas an guter Amts-Wahrung!

Aber was will man anderes erwarten,
nur Lehrer und freie Juristen haben gute Karten,
erfolgreich in die Politik zu starten.

Handwerker und Selbstständige
sind unterrepräsentierte Leidige,
denn es ist schwer für Beidige!

16 Bundesländer, 736 Bundestags-Abgeordnete,
jeder mit großem Beraterstab und viel Knete:
Das sind unübersichtlich viele Regierungs-Geräte!

Sechs Bundesländer, 360 Abgeordnete!
Es wird höchst Zeit, dass man dafür eintrete,
nicht nach jeder Wahl weitere Mandate meldete!

Vieles entscheidet das Europäische Parlament,
da ist der Bundestag ein zu großes Supplement,
in dem sich ohnehin kaum einer auskennt.

Europäische Verordnungen sind umzusetzen,
da müssen nationale Parlamente nicht mehr viel einschätzen,
um ihre eigenen „Duftmarken" zu setzen.

Selbst bei global harmonisierten Risiko-Sätzen,
musste Deutschland die Harmonie verletzen
und eigene Bundes-Vorschriften einsetzen!

„Unsere Vorschriften sind nur zu Ihrem Besten!"

Politiker

Politiker sind aus einem Holz geschnitzt,
das zwar viele Astlöcher besitzt,
aber durch eine durchgehende Borke geschützt.

Politiker wollen erfolgreich im Mittelpunkt stehen,
wollen, dass viele Menschen sie hören und sehen
sowie auf viele offizielle Einladungen gehen.

Politiker reden viel und sagen nichts,
Hauptsache, sie stehen im Zentrum des Lichts,
weniger in den Sälen des Schwurgerichts.

Was Politiker zu sagen wagen,
müssen Journalisten in die Welt hinaus tragen,
um sich selbst durchs Leben zu schlagen.

Politiker, die den Beruf von der Pieke auf lernen,
können sich leicht vom wahren Leben entfernen,
denn arg unerfahren greifen sie zu den Sternen!

Sie müssen viele Berater um sich scharen,
Spezialisten vom Leben, dem wahren,
halten sich selbst für Könner, nach den Jahren.

Wenn Politiker mit der Industrie anbandeln,
um attraktive Posten auszuhandeln,
kann sich der Traum leicht in ein Fiasko wandeln.

Aufsichtsposten sind ein schönes „Zubrot",
als wären Politiker mit ihrem Salär in Not.
Da wurmt sie schon das Offenlegungs-Gebot.

Zu Zeiten ihrer Wahlen und Wiederwahlen
müssen Politiker besonders prahlen
sowie auch Siegessicherheit ausstrahlen.

Die Regierungsgeschäfte liegen dann darnieder,
denn Priorität haben jetzt die „Wahl-Lieder",
zur Unterstützung der Partei-Mitglieder.

Und haben die Wähler sie nicht erkoren,
ist für sie noch lange nichts verloren,
werden doch wieder neue Koalitionen geboren.

Da werden auch Wahl-Verlierer

als geschickte Taktierer,

zum ministerialen Führer.

Fragt man Politiker: „Was sind Ihre Ziele?",

so hört man der hehren Ziele viele,

als öffneten sie eines Füllhornes Ventile.

In der Tagespolitik werden daraus Kompromisse,

als ob man nichts mehr von Versprechen wisse

und hier klein beigeben müsse.

Nach der zweiten Wahlperiode

sind Politiker zwar groß in Mode,

aber ihre Kraft zerfällt ins Marode.

Für Pensionen haben sie reich zusammengeforkt,

das meiste ist von der Zukunft geborgt,

weshalb sich die Jugend um das Morgen sorgt.

Warum verläuft die Auswahl so unprofessionell?

Wähler entscheiden sich an der Wahlurne schnell

über so manch´ unbekannten Gesell´.

Was er kann und wes´ Geistes Kind,

entscheiden die meisten Wähler zu geschwind:

unwissend, uninformiert, blind.

Und geht ein Großteil gar nicht zu den Wahlen hin,

was macht die Demokratie für einen Sinn?

Hauptsache, man ist in der Regierung drin.

Das Wähler-Volk ist im Laufe der Zeit müde,
phlegmatisch, enttäuscht und rüde:
Der Urnengang ist in gewisser Weise prüde.

Auf Politiker wird schnell mal geschimpft,
ihr Handeln kritisiert und verunglimpft.
Keiner aber ist gegen Angriffe geimpft.

Nur wenige Menschen wollen in die Politik gehen,
für andere Leute soziale Aufgaben versehen.
Das muss man auch bei Politikern verstehen!

Politiker lassen sich meistens fremdbestimmen,
von Fraktionen auf abgestimmte Themen trimmen.
Ihr Privatleben müssen sie ganz schön dimmen!

Abgeordnete schwören den Eid der Ethik,
folgen dann aber mehrheitlich der „Monetik",
mit verdecktem Geschick.

Ein Heer von Lobbyisten
begegnet ihnen auf allen Pisten,
mit hausgemachten Argumenten und Listen.

Offizielle Berater stehen zur Seite,
Juristen schlichten im Streite.
Da sucht die Wahrheit meistens das Weite.

Die Wahrheit ist ohnehin ein Chamäleon:
Halbe und ganze Wahrheiten kennen wir schon,
aber es gibt auch Notlügen und die Illusion.

Man sagt: Aufrichtigkeit gibt es bei Politikern keine,
aber wie heißt es an Weser, Ems und Leine:
„Lügen haben kurze Beine!"

Mit über 10.000 Euro monatlich im Netto,
haben MdB-Abgeordnete ganz schön was in petto!
Der Bundestag ist also kein Armen-Ghetto!

So steigerte sich die MdB-Anzahl seit der Wende,
von 663 auf 736 im Jahre 2019 behände,
mit keiner Aussicht auf ein Ende.

Zwar wurden zaghafte Versuche unternommen,
wieder auf eine angemessene Zahl zu kommen,
aber Parteien können so mehr Posten bekommen!

Ein Abgeordneter vertritt im DBT 1.140 Bürger,

Frankreich hat ähnlich viele „Steuer-Würger",

China dagegen einen für 480.000 Einwohner.

Nun ist China kein guter Vergleich,

denn sozialistische Diktatur herrscht in dem Reich.

Das hatten wir schon. Uns werden die Knie weich!

Autoritäten und Politiker sind indes zu verehren.

Nur wenn sie mehr um sich, als um andere scheren,

sollte man ihnen die Gunst verwehren!

Nicht allen sind politische Entscheidungen recht,

aber ist ein Beratungs-Ergebnis einmal schlecht,

der Sachverständigenrat rückt es zurecht.

Der Sozialstaat hat seinen Preis

Deutschland erwuchs zu einem Sozialstaat,

hat für fast jeden die passende Hilfe parat,

auch macht er so manchen politischen Spagat.

Arbeitslosen-Versorgung und Kindergeld,

dass so manchem Arbeiter der Job schwer fällt,

weil er für seine Familie zu wenig behält.

In Deutschland zu leben wird immer teurer,

dank fehlender Polizei immer ungeheurer,

die Stimmung der Bevölkerung immer säurer.

Soziale Leistungen kosten,
Bestehendes darf nicht rosten
Budgets wachsen zu immer größeren Posten.

Deutschland ist arm an Rohstoffen,
kann nur auf Importe aus aller Welt hoffen.
Bei Ausfall ist man gleich betroffen.

Ein Staat, der sich nur mit Services durchschlägt
und keine Ressourcen-Verknappung verträgt,
ist leicht vom Welthandel abgesägt.

Steuern, Gebühren und Abgaben,
die den Staat über Wasser gehalten haben,
stürzen ihn schnell in den Schulden-Graben.

Die einfachen Arbeiten übernehmen Gastarbeiter,
als Ernte-Helfer, in Schlachthöfen als Vorbereiter,
als Montage-Helfer und Pflege-Bestreiter.

Viele Gastarbeiter wurden übernommen,
haben Steuern bezahlt, Leistungen bekommen.
Nur schwer sind sie im Wohlstand geschwommen.

Ihre Altersjahre wollen sie aber dort verbringen,
wo Staaten weniger Abgaben erzwingen.
So sollte ein auskömmliches Leben gelingen.

Deutschland schickt die Rente hinterher,
von den Verbraucher-Steuern sieht es nichts mehr,
aber das alleine macht die Kasse noch nicht leer!

Wohlstands-Bürger haben den Braten gerochen,
sich auch im Alter in warme Zonen verkrochen,
und sich beim Steuer-Sparen kein Bein gebrochen.

Nur wenn medizinische Leistungen anstehen,
wollen sie kurz wieder in die Heimat gehen,
weil dort bessere Kassenleistungen wehen.

Bei Zeiten hatte man ein Appartement gekauft,
so dass man in der warmen Sonne schnauft,
sich nicht daheim über Kälte die Haare rauft.

Auch der fünfmonatige Senioren-Winterurlaub
gleicht für diese Rentner einem Steuer-Raub,
denn sie leben in Italien, Portugal und Spanien,
wie ich glaub´.

Ist auch das ein Zeichen des Sozialstaates:
Eines stark gesteigerten jugendlichen Unflates,
eines unverschämten Anstands-Verrates?

Die Straßen und Plätze werden zugemüllt,
Fußball-Stadien mit Raudies, gar Hooligans gefüllt,
auf den Straßen wird man grundlos angebrüllt.

Wo bleibt der Respekt vor den Ordnungshütern,
der Schutz von ängstlichen Gemütern,
die Achtung und Ehrfurcht vor öffentlichen Gütern?

Wer „Multi-Kulti" haben will,
verhält sich aber bei den Konsequenzen still,
missachtet der Bürger Unbill.

Unsere knappen Ressourcen

Mit unseren Ressourcen sind wir nicht gesegnet,
wenn es nicht gerade Erz und Rohöl regnet:
bezüglich Rohstoffe bohren wir ein dünnes Brett.

Zu uns kamen einst die Erze wegen unserer Kohle.
Das gereichte dem Ruhrgebiet zum Wohle,
auf Kosten der Umwelt vom Kopf bis zur Sohle.

Wir hatten Kupfer- und Aluminium-Hütten
in dicht besiedelten Ortschaften-Mitten,
wodurch manche Anwohner gesundheitlich litten.

Wir hatten für die Rohstoff-Beschaffung
wie auch für gute industrielle Straffung
die besten Voraussetzungen in der Forschung.

Internationale Verträge sicherten uns alles zu,
der Wohlstand vermied tiefgreifende Unruh´,
wir kannten weder Krise noch Bremsschuh.

Das deutsche Ausbildungswesen
galt einst als äußerst auserlesen.
Heute überholen uns Skandinavier und Chinesen.

Statt 5 % machen heute hierzulande 50 % Abitur,
viele andere Länder sind da auf der Überhol-Spur,
das zeigt sich nicht an den „Pisa-Studien nur!

Wird es uns im Winter bitter kalt,

weil Brennstoff-Knappheit galt,

kuscheln wir enger zusammen halt.

In den Rohstoff-Förderländern läuft das Sinnen:
„Mit Fertigprodukten können wir auch beginnen.
Da können wir ja viel höhere Margen gewinnen!"

So schauen deutsche Firmen und Ingenieure
immer öfter in die Röhre.
Und aus einem fetten Braten wird eine Möhre.

Wenn sich noch zu allem Krisenzeiten gesellen,
müssen die Deutschen den Gürtel enger stellen,
da hilft weder Klagen noch lautes Bellen!

Große Fehler wurden mit Raffinerien gemacht,
worüber man im Ausland Tränen lacht.
Aus Umweltgründen war da Schicht im Schacht.

Ein fragwürdiges Projekt sind Manganknollen,
die 5.000 m vor Hawaii in der Tiefsee rollen,
und die mache Länder einmal bergen wollen.

Da ist nicht nur sehr kostspielig durchzuführen,
der Tiefsee-Boden nimmt Schaden über Gebühren
und öffnet zu Metall-Ressourcen keine Türen.

Deutschland zahlt dafür Hunderttausende
an Anrechts-Pacht und Forschungsspende:
Eine reine Verzweiflungstat am Ende!

Das Schließen der größten Edelmetall-Scheiderei
war aus Umweltgründen auch so eine Eselei,
denn man verfügte über Edelmetalle quasi frei.

Aus der ganzen Welt kam das Scheidegut herbei,
Degussa legte bewährt die Platinmetalle frei,
ein Verlust, der nicht zu kompensieren sei.

So müssen wir Vieles aus Ländern beschaffen,
die das eigene Vergüten allmählich raffen,
dem können wir nur traurig hinterher gaffen.

Personal-Ressourcen fehlen aller Orten!
Dabei öffnen Betriebe und Werke ihr Pforten,
versuchen es sogar mit Personal-Importen.

Vieles wandelt sich schneller, als Planen vermag
und viele Dinge kommen plötzlich an den Tag,
unverhofft, mit einem Schlag.

Viele Produkte enthalten wertvolle Metalle,
die verschwinden für immer in der Verlust-Falle.
So wie die Oxid-Stäube verschwinden sie alle.

Verluste stellen öffentlichen Vergoldungen dar.
Über die Kirchendächer freute sich mancher Zar,
aber es kümmerte nicht, dass Gold bald weg war.

Denn alle zwölf bis fünfzehn Jahre
erhalten die Kirchen-Dächer neue Blattgold-Ware,
Wind, Hagel, Frost lösen wieder diese Exemplare.

Auch die Eheringe halten ihr Gewicht vergebens:
Sie verlieren rund 50 % in Laufe ihres Lebens.
Kein Grund eines großen Aufhebens!

„Eduard !!!"

Die Ressourcen werden knapp und knapper,
da hilft nicht mehr nur politisches Geplapper,
Wasser, Öl und Gas fließen immer schlapper.

Der Öl-Peak war schon um 2000 überschritten,
da hilft bei Öl-Staaten bald auch kein Bitten,
zudem zeigen sich Ressourcen-Länder umstritten.

Wasser sei die sei das erste knappe Gut,
vermeldet manches renommierte Institut,
Politiker sollen handeln, sonst fließt Blut!

Phosphor-Vorräte reichen keine 100 Jahre mehr,
Stickstoff-Überschüsse kontaminieren das Meer,
Algen erwachsen zu einem Tod bringendem Heer.

China legt auf Seltene Erden die Hand,
Afrika ist für reiche Bodenschätze bekannt,
aber Deutsche haben ein rohstoffarmes Land.

China sichert sich die Ressourcen der Erde,
denn es verfügt über die größte Menschenherde
und äußert sich kaum mit friedvoller Gebärde.

„Made in China" erwächst zum großen Triumpf,
dagegen wirken alle anderen Produkte stumpf,
verkommen im immer teurer werdenden Sumpf.

Erwachsen in Machtblöcken egomane Strukturen,
hinterlassen sie desaströse Spuren
und zerfallen selbst in ihren inneren Konturen.

Was machen wir ohne Wasser?

Werden ab 2022 acht Milliarden Menschen satt?
Setzt ihr Ressourcen-Verbrauch die Erde matt?
Aber was tun anstatt?

Ab 2050 schätzt man der Milliarden zehn,
und ab 2100 soll es wieder abwärts geh´n,
Aber das werden die Heutigen nicht mehr seh´n!

Es sind die Menschen in den reichen Ländern,
die mit den Treibhaus-Gasen das Klima ändern,
nicht die Staaten an den Weltwirtschafts-Rändern!

Menschen werden in die reichen Länder dringen
und der Wirtschaft neuen Aufschwung bringen,
aber auch hohes soziales Engagement bedingen.

Intellektuelle Ressourcen

Der Bedarf an intellektuellen Ressourcen wächst,
durch des Landes Informations-Geflechts,
worunter mancher stöhnt und ächzt.

Da alles nur noch über Smartphones läuft,
der Mensch in anspruchsvollen Infos ersäuft,
weil sich zu viel davon von allen Seiten anhäuft.

Um die Steuern dem Finanzamt zu erklären,
hat man sich um Steuer-Berater zu scheren,
weil sich Umfang und Eingabeart erschweren.

Geld auf der Bank frisst die Inflation;
zu Geldanlagen benötigt man Information,
zu ihren Gunsten machen Berater das schon!

Beratungen über Beratungen tun not,
Informationen sind oberstes Gebot:
Ohne Unterstützung kommt nichts ins Lot!

Mit Smartphone soll ich den Einkauf begleichen,
Informationen einholen und Eingaben einreichen,
Fahrkarten kaufen, Lotto-Gewinne einstreichen.

Menschen ohne Smartphone sind diskriminiert,
weil für sie „modernes Leben" nicht funktioniert
und verzichten auf vieles, pikiert und frustriert.

Ohne weitere Worte!

Exzellente Akademiker müssen Taxis fahren,
an Armen-Verköstigungen teilnehmen und sparen:
Welche Ressourcen-Verschwendung seit Jahren!

In Firmen werden Akademiker zur Seite gestellt,
oder bis zur bitteren Kündigung vergrällt,
weil dort Führungskräften ihr Denken missfällt.

Autoritäre Bosse haben dünne Nerven,
wenn kluge Leute deren Selbstkritik schärfen,
und ihnen unprofessionelles Taktieren vorwerfen.

Wie viele geniale Ingenieure,
die einst verweigerten die devoten Verhöre,
schauten karrieremäßig in die Röhre?

Patente sind das geistige Potenzial
der Unternehmen in Qualität und Zahl,
realisiert man sie irgendwann einmal.

Leider setzen sich viele Hierarchien
mit auf die Patente, damit ihre Karrieren blüh´n,
so dass die Erfinder den Kürzeren zieh´n.

Als Folge lässt das Erfinden nach
und viel geistiges Potenzial liegt brach,
fließt in andere Kanäle, gemach.

Etlichen Akademikern mit langem Studium
kommen Unternehmen mit der Zeit dumm
und biegen deren Berufsziele krumm.

So landen kreative Forscher in tristen Betrieben,
widmen sich unternehmensfernen Vorlieben,
und wären am liebsten an ihrer Uni geblieben.

Patent-Abteilungen nennen sich Management of Intellectual Property.
Das brechen manche Firmen übers Knie
und missbrauchen der Mitarbeiter Phantasie.

Sie versuchen noch Geschäfte zu schalten,
indem sie Patent-Vergütungen vorenthalten,
als ob sie von Arbeitnehmer-Ideen nichts halten.

Schon unsere lieben Grundschüler zeigen,
dass sie den Stoff immer stärker vergeigen,
da sich die Norm-Erfüllungen deutlich neigen.

Sie werden hier doch nicht wieder den Erfinder spielen!"

Rechnen, Schreiben, Lesen
ist ihr Ehrgeiz nicht gewesen.
Als Gründe gelten folgende Thesen:

Die Inklusion fordert zu viel Aufmerksamkeit,
Lehrern bleibt in großen Klassen kaum Zeit,
Migrations-Kinder brauchen mehr Achtsamkeit.

Pädagogen und Kindergärtnerinnen fehlen,
die Lehrerschaft kann sich die Zeit nicht stehlen,
ist überfordert: es sind auch nur Menschenseelen!

Die Welt ist tausend Mal vielseitiger geworden:
Spielten Kinder Räuber und Indianer in Horden,
sind die Anforderungen heute am Überborden.

Und schafften es jungen Menschen zum Abitur,
kommt die große Berufs-Zäsur.
Das unnötig drakonische Lernen war Makulatur.

Studienplätze fehlen, Stellen werden reduziert:
Man hatte sich jahrelang vergeblich strapaziert,
wird bestenfalls in ungewünschte Jobs laviert.

Schlimm geht es den akademischen Arbeitslosen:
sie fahren Taxi oder sammeln Pfanddosen.
Nicht alle seine gut ausgebildeten Bürger bettet
der Staat auf Rosen!

Wieviele Samen gehen nach der Saat nicht auf?
Wieviele Ideen verkümmern schon im Anlauf?
Wieviele Genies gehen vom Regen in die Trauf´?

Unternehmens-Struktur

Ungereimtes auf der Welt

Kartellartig verflochtene Großkonzerne
bestimmen in der Wirtschaft weltweit gerne,
beeinflussen die Finanzmärkte auch in der Ferne.

300.000 Milliarden jährlich an Steuern
könnten auf der Erde vieles erneuern,
würde Schwarzgeld nicht in Steueroasen kauern.

Verdienste sind ungerecht auf der ganzen Welt:
Banker kriegen 100-faches, was ein Autor erhält,
und das 1000-fache, was einem Friseur zufällt.

Vorstände bedienen sich mit dem 100-fachen,
von dem, was Ministergehälter ausmachen.
Bei derartigen Auswüchsen vergeht das Lachen!

Jährlich sterben über 17 Millionen Seelen,
weil Gelder für Krankheits-Behandlungen fehlen.
Da bleibt die Spucke trocken in den Kehlen!

Europäische Fischfang-Flotten
gelang es, ganze Lebensräume auszurotten.
Auch vor Westafrika fischten sie hartgesotten.

Das in Europa weggeworfene Essen
reichte zweimal für die Hungernden unterdessen.
Das muss jeder für sich mal ermessen.

Weltweit konnten wir in den letzten 100 Jahren
75 % der Kulturpflanzensorten nicht bewahren.
Darüber ist sich kaum einer im Klaren!

Nur 2,5 % des Wassers auf der Erde ist zu trinken,
1 Milliarde Menschen müssen im Elend versinken,
weil ihnen keinerlei Wasservorräte winken.

15 m³ Wasser benötigt 1 kg Fleisch vom Rind,
was nur 4 m³ bei 1 kg Hühnerfleisch sind:
So spart schon mit der Nahrung jedes Kind.

Schon der "Club of Rome" warnte 1972 scharf,
dass man die Ressourcen nicht überfordern darf,
was aber keinen Politiker ernsthaft traf.

Ohne Worte

Geschlechter haben noch immer Differenzen
in ihrer Anerkennung, mit starken Konsequenzen,
denn die Entlohnung setzt verschiede Grenzen.

Gefragte Profi-Fußballer verdienen Millionen,
aber die Profi-Frauen will man mit einem
Hundertstel entlohnen.
Wer gibt das Recht zu diesen Dimensionen?!

Länder schotten sich gegen Flüchtlinge ab,
zeigen sich überfordert von dem hohen Maßstab,
alternativ aber finden viele im Mittelmeer ihr Grab.

Alle Welt will Freiheit und Demokratie,
in vielen Staaten aber herrscht Despotie.
Ändert sich das denn, wie einst in Europa, nie?!

Elektro-Roller bzw. E-Scooter sind der neue Trend,
der wenig oder gar keine Rücksicht kennt,
wenn ihnen einer vor die Räder rennt!

Auf der Welt konnten die Menschen anno 2010
nur 26 Demokratien gegen 55 Despotien seh´n,
wobei Nordländer in Spitzenpositionen steh´n.

In Kultur, Pluralismus und Bürgerrechten,
steht in Norwegen, Island und Dänemark nichts im Schlechten,
wo gut 150 Länder Rechtsverletzungen brächten.

Mit Korruptheit , laut „Transparency", führen an:
Somalia, Birma, Irak, Afghanistan, Usbekistan,
haben sich dadurch selten einen Gefallen getan!

Menschen fühlen sich umso mehr im Unglück,
je länger haben sie den Fernseh-Monitor im Blick.
Dem zu entfliehen, haben immer weniger
Menschen ein Geschick.

„Es handelt sich abermals um eine leichte Verpuffung. Die Anwohnerschaft war zu keiner Zeit gefährdet!" – „Es handelt sich…!"

Man sei gewarnt, zu viel im Internet preiszugeben,

denn alle Ereignisse, Fotos, Videos im Leben

bleiben für immer bei Facebook kleben!

Schweizer machen die meisten Volksentscheide,

noch geschlagen von Kaliforniens Leide,

in einem bürgernahen Demokratie-Kleide.

Im brasilianischen Porto Alegre entstand

ein Modell, bei dem das Volk über den Haushalt befand,

analog auch in einigen Städten von Deutschland.

Die Welt mag sich zum Fatalismus wandeln,

uneinsichtige Menschen die Natur verschandeln,

es sind aber Bürgerbewegungen, die handeln.

Die Natur etablierte viele Kreislauf-Systeme,

wenn man nur den des Sauerstoffs nehme,

der nur durch Assimilation aus Pflanzen ströme.

Wenn die Bevölkerung unaufhörlich wächst,

und die Natur unter Kahlschlag ächzt,

ist der Sauerstoff-Kreislauf verletzt.

Ein wahrer Irrsinn liegt im Zirkus der Logistik:

Die weiten Warentransporte erregen schwindelnden Blick,

mit Stoffen einmal um die Welt und wieder zurück.

Die Erde kann den Menschen nicht mehr verkraften,

denn neben unökologischem Wirtschaften,

leidet sie auch noch unter seinen Machenschaften.

Ohne weitere Worte

Die Erd-Erwärmung

Der Treibhausgase viele
sind der Menschheit Vermeidungs-Ziele,
aber viele missachten die Natur-Endzeitspiele.

Kohlendioxid, Kohlenwasserstoffe und Methan
führen die Liste der Treibhausgase an,
die eine Menge an Unheil anrichten kann.

Tockenheit, Hitze und Regenperioden,
Stürme und Hurrikane, die ganze Wälder roden,
und warme Ozeane schaden dem Meeresboden.

Wir revolutionieren unsere Energie,
wie seit hunderten von Jahren nie,
mit Windrad- und Photovoltaik-Strategie.

Wasserstoff ist die Speichertechnologie
für die Zukunft unserer Energie,
denn bei der Nutzung entsteht Euphorie.

Keine Abgase, nur Wasserdampf-Exzess
entweicht dem Verbrennungs-Prozess,
für die Natur die reinste Wellness!

So lassen sich Treibhausgase etwas reduzieren,
es verbleiben Atmung und Methan von Tieren
sowie Prozesse, die sich vor Wasserstoff zieren.

Die Erde ist schon wieder viel zu heiß,

wie mittlerweile auch der letzte Bürger weiß.

Doch Politikern rinnt nur der Tagungs-Schweiß.

Nicht in Vergessenheit geraten
darf die Explosivität, wie die von Granaten,
denn potenziell bewirkt sie großen Schaden.

Noch nicht vergessen ist die Hindenburg-Misere,
denn das Luftschiff explodierte in aller Schwere.
Man machte von der H_2-Technologie eine Kehre.

Gelänge der Ausstieg aus konventioneller Energie
bis 1935, so die hoffnungsvolle Prophetie,
wäre das mit Natur- und Artenschutz die Synergie.

Jedoch den steigenden Energie-Bedarf,
den man für die kommenden Jahrzehnte entwarf,
zeigt sich doch noch optimistisch und unscharf.

Der Druck der Opposition

Ideen haben die Regierungsparteien schon,
aber dagegen ist fast immer die Opposition,
der dialektische Partner der Zukunfts-Diskussion.

Wie kein anderer sah T. W. Adorno zwei Seiten,
so wie Regierungen mit Oppositionen streiten,
können sie sich gemeinsam Fortschritte bereiten.

Jede These hat eine Gegenposition,
jede Position eine Negation
und jede Option mindestens eine andere Option.

Kommt die Regierung besonders eifrig daher,

hat es die Opposition reichlich schwer,

bemüht sich dann aber umso mehr!

Auch Politik unterliegt einem kreativen Prozess:

Oppositionen nehmen die Antithesen in Regress

und kommen zu Synthesen, nach einigem Stress.

Es gleicht einem ewigen energischen Tau-Ziehen,

bei dem sich Regierung und Opposition bemühen,

bei dem die Köpfe noch bis in die Nächte glühen!

Opposition steht gegen herrschende Meinung,

gegen allgemeine programmatische Zielvorstellung

oder gegen die Politik der gewählten Regierung.

Die ist in neuzeitlichen Staatssystemen etabliert,
damit sie gegen die politischen Machthaber agiert
und nach parlamentarischen Regeln funktioniert.

Auch die Opposition bekennt sich zur Verfassung.
Sie ist aber weder Teil der Regierung,
noch gewährt sie der Regierung Unterstützung.

Zu unterscheiden sind zwei Arten der Opposition:
Die kompetitive und die kooperative Version.
Erstere zeigt sich in abgrenzender Position.

Die kooperative Opposition will sich einzubringen,
will eigene Teilbereiche in Gesetzen erringen,
um es bei der nächsten Wahl anzuklingen.

Oppositionelle Fraktionen stehen in Distanz
zu dem parlamentarischen Regierungstanz.
Sie zeigen in der Kontrolle ihre Brillanz!

Im deutschen Parlament stellt die Opposition
für den Haushalts-Ausschuss die Vorsitzposition,
gemäß parlamentarischer Tradition.

Eine außerparlamentarische Opposition,
hat im Bundestag keine Einmischungs-Option,
ist aber rechtens frei in Meinung und Publikation.

Die APO kann Forderungen öffentlich darstellen,
neue politische Denkrichtungen offen erhellen
und sich zu angemeldeten Demos gesellen.

In den 60-iger Jahren protestierten Studenten,
gegen Zustände, Politik, rückständige Dozenten
sowie Ämter mit nationalsozialistischen Elementen.

Mitunter beginnen Gruppen außerparlamentarisch,
formieren sich bei Wahlen politisch
und werden, wie die Grünen, als Partei klassisch.

In Deutschland entwickelte sich der APO-Protest,
1966 mit dem NSDAP-Kiesinger im Kanzler-Nest:
Neben der großen Koalition gab es nur einen
kleinen parlamentarischen Oppositions-Rest.

Die APO forderte eine demokratische Uni-Politik:
der alte Muff unter den Talaren wurde publik,
Hochschul-Strukturen erwiesen sich als antik!

Die Eltern-Generation baute das Land wieder auf,
das Nazitum in hohen Ämtern nahm seinen Lauf
und Notstandsgesetze sattelten Faschismus drauf.

Ho Chi Minh und Mao galten als Gallionsfiguren,
und diverse Proteste folgten ihren Spuren.
Für den Studentenführer Rudi Dutschke kam die
Demokratie im Westen nicht auf Touren.

Die Studenten-APO forderte Veränderungen,
in Aktionen, Protesten und Zurschaustellungen,
hatte selbst das Gericht zu Shows gezwungen.

Die außerparlamentarische Opposition stützte,
was ihr half und außerordentlich nützte,
manch bekannter Philosoph, der sie schützte.

T. W. Adorno und E. Bloch standen an ihrer Seite,
mit der „Kritischen Theorie" in ganzer Breite.
Nur Adorno suchte später das Weite.

Die APO-Konflikte verschärften sich schroff
mit den Aktionen von A. Baader und U. Meinhof
bis zum illegalen „Rote-Armee-Fraktion"-Zoff.

Letztlich mauserte sich die Partei der Piraten
zu parlamentarischen Demokraten
und waren in einige Landes-Parlamente geraten.

Die APO ist in der Bevölkerung etabliert,
wobei sich kein Bürger mehr geniert,
und gegen „Stuttgart 21" auf die Straße marschiert.

„Dein Ehe-Paradigma ist mit dem meinigen inkommensurabel!"

Parlamentarier entfernen sich von den Bürgern
und werden immer mehr zu Würgern,
von Wirtschaft, Umwelt und Familien mit Kindern.

Parlamentarier verletzten oft des Volkes Willen,
weil sie bevorzugt den der Lobbyisten stillen,
oder wandeln mit Bündnispartnern in deren
Spurrillen.

Oppositionen müssen Unstimmigkeiten aufdecken,
selbst wenn die noch in den Anfängen stecken,
um Regierenden zu zeigen, wo sie anecken.

Das wird aber oft leidenschaftlich übertrieben:
Sie kann nicht alles auf die Regierung schieben,
sondern sollte externe Einflüsse aussieben!

Mitunter bringt auch die Opposition
eine interessante Gegenposition,
und mitunter akzeptiert man diese Ambition.

Ziel ist stets, sich als Macher zu profilieren,
was Oppositionen mit allen Mitteln probieren
und sich keineswegs mit Unfairem zieren.

„Bei und wäre es besser gelaufen!",
hört man Oppositions-Parteien schnaufen,
besonders wenn sie sich vor Wahlen raufen.

Der Bürger muss entscheiden:
Kann er Parteien von Unwahrheiten entkleiden,
oder muss er unter ihren Beschwörungen leiden.

Aber nur im Streit des Fürs und Widers
offenbart sich der Akt eines ministerialen Täters,
anders als bei dem Machtwort eines Herrschers.

Darum gebührt der Opposition die rechte Stärke,
auf dass die Regierungsbank immer merke:
Sie liegen auf der Goldwaage, alle ihre Werke!

Regiert eine Koalition mit hohem Prozentsatz,
bleibt für externe Opposition wenig Platz,
aber Koalitions-Parteien übernehmen den Ersatz.

Bei aller Berechtigung zur Opposition
vergreifen sich die Sprecher oft im Ton
und erzeugen damit moralische Irritation.

Die Regierungs-Mannschaft steht unter Druck,
denn die Opposition bemerkt jeden Ruck,
zeigt Fehler, wie andere ihren Ordensschmuck.

Aber Streitgespräche sind Salz der Demokratie,
in totalitären Staaten erlaubt man sie nie,
denn sie entfalten sich zu maximaler Harmonie.

Das Schicksal der demokratischen Regierung:
Durch die Opposition erfährt sie die Negierung,
mitunter sogar schwere Kompromittierung.

Was eigentlich als konstruktiv gedacht,
wird zur Selbstbehauptung lächerlich gemacht,
so dass manches Vorhaben zusammenkracht.

Sich von den Verlierer-Seiten
wieder nach vorne zu streiten,
kann Oppositionen viel Mühsal bereiten!

Und doch ist sie irgendwie
Grundlage guter Demokratie.
Nur Entscheidungen fallen langsam oder nie!

Am ehesten sieht man in China den Gegensatz:
Ein Wort und man führt den Kritiker vom Platz,
der Altpolitiker zieht eine entgeisterte Fratz´.

Vergleichbar unrühmliche Gebaren,
wie sie auch in Europa einst üblich waren,
gelten heute als Methoden von Barbaren.

Wo Systeme unliebsame Meinungen attackieren,
Menschen Rede- und Presse-Freiheit verlieren,
sollte sich der Absolutismus vor der Welt genieren!

Einwanderungspolitik

Von 82 Mio. Menschen 2020 in Deutschland
leben 22 Mio., von denen jeder neue Heimat fand,
weil in seinem Ursprungsland Not entbrand´.

Viele standen dem Wirtschaftswunder zur Seite,
kamen aus Italien, Spanien, Türkei, aus der Weite,
fanden im deutschen Lande das Gescheite.

Allerdings an der Verteilung gemessen,
die meisten in Bremen, NRW, BW und Hessen,
an wenigsten im Norden und Osten unterdessen.

In Bremen leben 40 % mit Migrationshintergrund,
die höchste Zahl unter den Ländern im Bund.
Die Bremer stören sich nicht an diesem Befund.

Neue Bürger aus einem fremden Land
kommen mit Tradition und Religion an der Hand,
stehen durch ihre Sprache am Gesellschaftsrand.

Aus den EU-Ländern kommen Immigranten
wegen der Arbeit oder wegen der Verwandten
und wohnen zunächst oft bei Bekannten.

Aus Kriegsgebieten werden jährlich über 100.000
Asyl-Anträge gestellt,
wobei dann weniger als die Hälfte Asyl erhält,
weil jeder nach Prüfung den Schutz-Status erhält.

50.000 bis 100.000 Immigranten kommen jährlich
wegen der Familien-Zusammenführung,
Kinder und Ehepartner nach eingehender Prüfung
ihrer hinreichenden deutschen Sprach-Ausübung.

Einwandern können qualifizierte Arbeitnehmer,
Studenten haben es sogar noch bequemer,
sie sind nur begrenzte Bleibe-Anspruchsnehmer.

Deutschland benötigt aufgrund der Demografie
ausländische, versierte Fachkräfte wie noch nie,
selbst leidet die BRD unter Spezialisten-Anämie.

2004 erschien das „Zuwanderungsgesetz",
für Einreise und Bleibe ein Paragraphen-Netz,
das auch Visum, Duldung und Asyl besetzt.

Übers Mittelmeer!

Seit 2015 strömen Flüchtlinge in Massen,
die ihre Heimat wegen Krieg und Elend verlassen.
Die BRD sagt: „Wir müssen ihnen Schutz verpassen!"

So auch die Genfer Flüchtlings-Konvention,
die gibt es als wichtigen Schutz seit 1951 schon,
unterstreicht die unbedingte Helfer-Position.

Doch dann weitete sich diese
zu einer wahren Flüchtlings-Krise.
Die Stimmung in den EU-Ländern geriet ins Miese.

Wer soll die Millionen so plötzlich versorgen?
Ihnen Wohnraum, Essen und Kleidung borgen?
Und wo bleiben sie alle am anderen Morgen?

Notunterkünfte wurden besorgt und aufgebaut,
zu Schulen, Turnhallen, Bürgerhäuser geschaut,
aber die Flüchtlingsströme sind nicht abgeflaut.

Die Regierung tönt: „Wir schaffen das!",
definiert aber nicht das Wie, Wann und Was.
So blieben die Bundesländer allein mit dem Spaß!

Europäische Staaten sind sich nicht einig,
sie wollen von den Flüchtlingen möglichst wenig,
unterdessen kommen die Menschenströme stetig.

Besonders die Küsten von Italien erreicht ein Heer
von Flüchtlingen übers gefährliche Mittelmeer,
und das Land weiß keine Hilfe mehr.

Für Agenten und Schlepper erweist sich die Flucht
als makabre Gelegenheit und sie sind ausgebucht.
Sie machen Kasse mit der Flüchtlinge Sehnsucht.

Jedoch nicht mit sicheren Fluchtplänen,
sondern mit überfüllten Schlauchbooten und ungeübten Kapitänen,
und trauriger Weise ertrinken viele von denen.

Manche Organisation chartert ein Rettungsboot,
rettet die meisten Schiffsbrüchigen aus der Not,
aber die Küsten gewähren kein Aufnahmegebot.

Die Strände sind voller Aufnahme-Läger,
ohne Versorgung und Verantwortungs-Träger,
die Bedingungen gestalten sich immer schräger.

Die Türkei übernimmt einen Teil mit Vertrag,
wer weiß wie lange der halten mag,
Tausende Flüchtlinge hausen in ärmlichem Schlag.

Ein Teil der Flüchtlinge wird trotz Entbehrungen
zur Rückkehr in ihre Heimatländer gezwungen.
Ihr Traum zerplatzte, es war ihnen nicht gelungen!

Aber die Menschen-Ströme aus Krisenländern
werden kaum die Richtung ändern,
entweichen sie doch brutalen Schändern.

Massenweise zieht es sie in Sozialsysteme,
in der Hoffnung auf das etwas mehr bequeme,
doch sie ernten nur Ablehnung und Häme.

The German Angst

Staaten sollen sorgenfreies Leben gewähren:
Jeder soll sich ausreichend ernähren
und umsichtige, professionelle Politiker ehren.

Jeder soll in Sicherheit seiner Arbeit nachgehen,
seine Kinder behütet aufwachsen sehen
und das Handeln der Politiker gut verstehen.

Das erreichte bisher mit großer Sympathie
am besten die Staatsform der Demokratie,
weit entfernt von Korruption und Egomanie.

Aber deutsche Bürger sind Angst-Weltmeister,
wegen Krankheits-, Kriegs- und Inflations-Geister.
Auch die staatliche Abzocke wird immer dreister!

Angst ist eine kollektive deutsche Verhaltensweise.
„Typisch deutsch!" hört man im Ausland leise,
die charakteristische Eigenheit zieht ihre Kreise.

Das Wort „Angst" gibt es nur in unserem Raum:
Mit fear, craindre, miedo, paura ähnelt es kaum.
Philosoph Kierkegaard brach es 1844 vom Zaum.

Englisch steht „Germanismus" für Weltschmerz,
diffuse Angst umschleicht das Deutsche Herz,
und dabei verstehen sie keinen Scherz.

Bei der Nuklear-Katastrophe in Fukushima,
zeigte sich die „German Angst" wieder schlimmer:
Deutschland schloss alle Reaktoren, für immer!

Die Pandemie mit dem COVID-Erreger,
zeigte sich als besonderer Angst-Vorleger,
aber nicht jeder outete sich als Angst-Pfleger.

Schon 1941 hatte Präsident Roosevelt
vier zu garantierende Freiheiten vorgestellt,
worunter auch die „Freiheit von Furcht" fällt.

Mit „Furcht" ist ein gezielter Schrecken gemeint,
so wie einem die Furcht vor Blitzen erscheint
oder die Menschheit Furcht vor Atom-Krieg vereint.

Die gepflegte Furcht vor dem Fegefeuer

Die Angst ist nicht aus der Welt zu schaffen,
im Zeitalter des zig-fachen Overkills mit Waffen,
wenn Staaten andere wehrlose Länder raffen.

Kriege, Terror, Korruption, Propaganda, Lügen
geschehen weltweit in unbarmherzigen Zügen,
wer sollte da nicht weiche Knie kriegen?!

Besonders die älteren Leute
sind der Ängste leichte Beute,
damals genauso wie heute.

Wie weit kommt man mit Rente und Pension
nach Knappheit und anhaltender Inflation!
Wo verringert man noch seine Ration?

Zukunftsangst steckt in vieler Menschen Knochen,
Psyche und Lebensmut empfinden sie gebrochen,
Lebenshaltungskosten sind sehr hoch gekrochen.

Corona, Kriege, Mangel, Hitze und Inflation,
führen mit persönlichen Krisen zur Desillusion,
während Altersarmut und Arbeitslosigkeit droh´n.

Millionen Menschen verfallen in Depression,
werden behandelt, ambulant oder auf Station,
Kliniken und Krankenkassen droht Kapitulation.

Ängste passieren in den Köpfen.
Überall können sie Nahrung schöpfen,
das Wohl und die Gesundheit schröpfen.

Die Deutschen sind nach dem Kriege
zu Wohlstand gelangt, wie zu einem Siege..
Keiner legte es ihnen in die Wiege!

Jetzt wird der Bundeshaushalt immer kahler,
überall meldet sich der Staat zum Zahler:
Der gewohnte Wohlstand wird immer schmaler.

Ängste werden geschürt,
Furcht vor Atombomben und Altersarmut
zelebriert,
während eine böse Macht Unheil animiert.

Die spezifische „German Angst" enthält,
was mit Sicherheit und fehlendem Risiko
zusammenfällt,
und sich als Identität der Deutschen darstellt.

Die Furcht vor Überfremdung,
vor fremden Netzwerken jenseits der Ordnung,
vor einer „Gegen-das-Gute-Verbrüderung".

Würden sich alle Menschen an gute Regeln halten,
würden illusorische Eintracht und Frieden walten,
dann könnten Deutsche wieder in einen ruhigen
Schlafmodus schalten.

Menschen haben Angst, alleine auszugehen.
Angriffe auf Polizei können wir nicht verstehen!
Was sind das für Geister, die uns umwehen?!

Belästigungen, Diebstähle, Raubüberfälle,
aus Medien eine angstmachende Quelle,
selten sind Beistand und Hilfe zur Stelle!

Übertriebene „German Angst"

Die Deutschen fürchten sich in der Dunkelheit,

haben sie auf den Heimwegen kein Geleit,

vor der viel beschriebenen Unverfrorenheit.

Ältere Leute bleiben abends lieber daheim,

selbst bei interessantem Theater und Kino-Time.

Bisher macht sich kaum einer daraus einen Reim!

Von Baustellen werden Geräte und Kabel geklaut,

wobei man tatenlos hinterher schaut,

denn die Täter werden professionell betraut.

Fahrräder sind mit Schlössern anzuschließen.

Diejenigen, die sie lange offen stehen ließen,

müssen sich über durchsägte Ketten verdrießen.

Autokäufer aus kriminellem Clan
bieten überzeugend spätere Bezahlung an
und verschwinden auf Nimmerwiedersehen dann.

In Bussen und Bahnen wird gepöbelt,
Passanten auf offener Straße aus Spaß vermöbelt,
was sich schnell ins Krankenhausreife verwandelt.

Zeugen sind selten zu finden,
wer will schon vor Gericht seine Freizeit schinden
und sich mit den Straftaten näher verbinden?!

Gerade Banden verfügen oft über gute Anwälte,
die ziehen jeden mit Lug und Trug aus der Kälte,
ohne Verurteilung, ohne Schelte.

Der soziale Strafvollzug

ist nicht selten ohne Trug.

Viele Bürger haben von dieser offensichtlichen Milde genug!

Vermehrt entstehen „Häuser des Jugendrechts"

für Gestrauchelte beiderlei Geschlechts.

Ihnen sei Erfolg beschieden, ob ihres Gefechts.

Ehrliche und Anständige Menschen dürfen nicht die Dummen sein!

Die Gesellschaft wachse zu einem Verein,

keiner hantiere mit Hetze, Intrige und Stein!

Der Deutsche von heute

ist mit seinem Angst-Klischee leichte Beute.

Wie halten es in anderen Ländern die Leute?

Es gab in den USA Jahre,
da war Furcht vor Reptilien noch das Offenbare,
heute rauft man sich über Korruption die Haare.

Bei den Russen dominieren
Ängste vor Knappheit und Geldwert-Verlieren.
Die Kriegsangst muss auf Platz drei rangieren.

In China haben die Menschen Vertrauen verloren,
was Regierung und Medien beschworen,
denn die haben sich nur Fake News auserkoren.

Nur die Brasilianer verlieren ihre Hoffnung kaum,
denn „Gott ist Brasilianer" bleibt ihr Traum,
der Stärke verleiht, wie ein alter Urwaldbaum.

Korruption

Korruption heißt auf deutsch „Verdorbenheit",
wie z. B. Vorteilsnahme und Bestechlichkeit.
Bis zum starken Charakter ist es da noch weit!

Korruption beginnt seinen verhängnisvollen Lauf,
in Wirtschaft, Politik sowie Ehrenämter zu Hauf,
lädt man sich Vorteile bei Verantwortung auf.

Das läuft bei Posten- und Auftrags-Besetzungen,
bedeutsamen Verträgen und Genehmigungen
sowie bei gesellschaftspolitischen Handlungen.

„O. K., ich muss jeden Tag in ein Ganovengesicht schauen. Aber dafür werde ich gut bezahlt!"

Der Missbrauch entsteht,
wenn es um unlautere Vorteils-Erlangung geht,
für die eine Gewährsperson bereit steht.

Ist erst einmal das Allgemeininteresse verletzt
und Korruption hat sich tief verwurzelt festgesetzt,
sind Image und Umgang wenig geschätzt.

In Politik, Verwaltung, Institutionen und Justiz
nimmt man immer wieder von Korruption Notiz,
die nicht Halt macht vor einem sozialen Hospiz.

Korrupte mächtige Akteure
aus den Reihen der Entrepreneure
sind der Demokratie Saboteure!

Sitzen ein griechischer und ein italienischer Bauunternehmer auf der Terrasse einer feudalen Villa.

Da fragt der Italiener: „Wie hast Du das geschafft?"

Der Grieche antwortet stolz: „Siehst Du dort hinten die dreispurige Brücke?"

Er sucht irritiert: „Aber ich sehe nur zwei Spuren!"

Der Grieche antwortet verschmitzt: „Siehst Du!"

Ein Jahr später kommt es zu einem Gegenbesuch.

Der Grieche staunt: „Mamma, mia, welch´ Palast! – wie hast Du das gemacht?"

„Ich habe gelernt", antwortete der italienische Bauunternehmer, „siehst Du die zweispurige Autobahn-Brücke über dem Fluss?"

„Ich sehe gar nichts!" antwortete der Grieche.

Stolz lehnte sich der Italiener zurück: „Siehst Du!"

Ohne weitere Worte!

Vor Korruption hatte man sich 18. Jh. nicht geziert,
denn die wurde in den Kleinstaaten oft praktiziert.
Diplomaten und Beamte hatten das gar provoziert.

Bekannt waren die „Reptilienfonds" Bismarcks:
Diese Geldquelle, die hohe Summen barg,
machte den Kanzler am Parlament vorbei stark.

Statistisch hatte man in den Ostgebieten entdeckt,
dass dort im Gegensatz zum Habsburger Land viel Korruption steckt.
Ehrlichkeit heißt seit 2016 da „Habsburger Effekt".

Korruption im Handel kennzeichnet drei Täter:
Bestechender, Bestochener und Auftraggeber.
Sie alle sind Austausch-Bezieher.

Wenn schon Kirchenväter ins Korrupte geraten,
was ist dann noch von anderen zu erwarten?!

Mindestens ein Partner gerät in Normenkonflikt!
Doch ehe sich einer rechtlich verstrickt,
wägt er sein Risiko ab, hinterhältig und geschickt.

Korruption steht im Strafgesetzbuch,
denn Vorteilsnahme und -gewährung sind Betrug,
für das Gesundheitswesen in besonderem Bezug.

Nur auf Antrag wird Bestechung verfolgt,
so sie im geschäftlichen Verkehr erfolgt,
es sei denn, dass öffentliches Interesse nachfolgt.

Bestechung ist in vielen Ländern unumgänglich:
Makler, Dienstleister, Zoll sind sehr empfänglich.
„Kleine" Trinkgelder erscheinen da völlig schicklich!

„ Mach´ ihn fertig, Luigi! – Ich soll wegen meiner ehrlichen Beichte 10 Millionen spenden!"

Andernfalls bleiben Waren im Hafen,
denn Behörden-Vertreter erwarten keine Strafen,
wenn Gelder auch in oberen Schichten eintrafen.

Oft stehen die Täter in amtlicher Funktion,
beteiligen sich an struktureller Korruption
und die läuft seit vielen Jahren schon.

Die NGO „Transparency International" votiert,
nur die Bestechungsgeld-Nehmer seien inhaftiert,
denn der Ruf der Bestecher sei ohnehin ruiniert.

Im Korruptions-Index der weltweiten Länder
belegen die reiche und armen die Ränder.
Skandinavien behauptet die Spitzenbänder.

Deutschland rangiert nicht auf den oberen Plätzen!
Da muss man dann doch ein Fragezeichen setzen,
wo doch alle die Deutschen als ehrlich schätzen.

In Deutschland geschehen jährlich 6000 Fälle:
Anlocken mit Freikarten steht dabei an 1. Stelle,
aber Bargeld liegt fast auf gleicher Schwelle.

Handlungen aus kurzfristiger, spontaner Situation
heißen Fälle der „situativen Korruption",
meist zwischen einer und einer anderen Person.

„Strukturelle Korruption" läuft über lange Zeit,
erste Tests zeigen, ist man für Bestechung bereit,
mit großen Beträgen folgen Wünsche im Geleit.

Ohne weitere Worte!

„Netzwerk-Korruption" geschieht durch Banden,
die umfangreichere Straftaten landen:
Neben Korruption sind noch andere vorhanden.

Korruption geschieht oft bei Auftragsvergabe,
oder in der Medizin mit dem Beschaffungsgehabe.
Mit Herzklappen trug einst ein Arzt seine
Zulassung zu Grabe.

Auch zwischen Abgeordneten und Lobbyisten
fehlen transparente Teilnehmer-Listen.
In der Korruptions-Bekämpfung gibt es zu viele
Torpedisten.

In armen Staaten sind Eliten korruptiv verstrickt,
und selten, dass mal eine Aufklärung glückt.
Die Bekämpfung durch LKA ist kaum vorangerückt.

Kartelle

Kartell ist ein Synonym für organisierte Kriminelle.
Durch Absprachen geht man Kunden an die Felle
und kassiert konkurrenzlos auf die Schnelle.

Wenn Wettbewerber hohe Preise absprechen,
und so das marktwirtschaftliche Prinzip brechen,
zahlen die Kunden überhöhte Zechen.

Entsprechend lässt sich konkurrenzlos agieren,
wenn sich Wettbewerber Gebiete parzellieren
und dort mit hohen Preisen operieren.

Als der Begriff 1865 in Deutschland auftauchte,
hatte man hierzulande Kartelle, die man brauchte,
damit es bei der Industriealisierung rauchte.

Im 19. Jh. war man unter europäischen Staaten
zu zahlreichen Sparten-Kartellen geraten.
Da waren Kartellbildungen noch keine Straftaten.

Für deutsche Wettbewerbs-Fragen
muss das Kartellamt in Bonn Sorge tragen,
um missbräuchliches Verhalten zu untersagen.

Das „Gesetz gegen Wettbewerbsbeschränkung"
ist die Basis für die Aufsichts-Ausübung
mit weitgehender Befugnis zur Ermittlung.

Bei Kartellen darf es nicht zum Monopol kommen,
dabei sind allerdings Kleinbetriebe ausgenommen,
aber manche Regelungen sind verschwommen.

Erlaubte Kartelle bestehen in Krisen,
haben sich auch zur Rationalisierung als nützlich erwiesen
und sind bei Normen-Festlegungen gepriesen.

Verboten sind die Absprachen nach Preis,
Gebiet und Submissions-Geheiß,
wo man im Voraus Ausschreibungs-Sieger weiß.

An Hochschulen herrscht ein hinterhältiger Brauch:
Die Besetzungen stehen fest, die Verlierer auch,
Bewerber haben nicht einer Chance Hauch.

In der Wirtschaft wurden Kartelle früher begrüßt,
weil von den Teilnehmern keiner etwas einbüßt,
sondern das Unternehmen mit Gewinnen versüßt.

Einst entstand 1925 in Frankfurt das weltweit
größte Kartell, IG Farben, vor allem in der NS-Zeit,
mit acht Chemie- und Pharma-Riesen im Geleit.

Dieser Geist hat sich in der Wirtschaft fortgesetzt,
Kartell-Absprachen liefen weit vernetzt,
Kein Manager fürchtete, dass er Recht verletzt.

„Cosi fan tutte!" – So machen es alle!
Kaufleute machten Gewinne in jedem Falle,
für Chemikalien, Pharma-Produkte und Metalle.

Unter Managern galt es als Kavaliers-Delikt,
da man mit Stolz auf die leichten Erfolge blickt,
und die Kartelle verbargen sie äußerst geschickt.

Deutschland war ein Paradies für Absprachen,
da sich Bosse dabei nichts aus der Krone brachen.
Die Absprachen ließen sich nur schwer dingfest machen.

Bis das Kartellrecht die Kronzeugenregel schnürte,
nach der einem Kronzeugen Straferlass gebührte,
was nach und nach zu vielen Aufdeckungen führte.

Als die ersten großen Strafen für Kartelle
sind die Methionin- und Aktivsauerstoff-Fälle,
mit der Degussa AG als Haupttäter zur Stelle.

Firmen, die man mehrfach in Kartellen entdeckte,
weil sie die Geld-Strafe kaum abschreckte,
bekamen Mali, damit sie Kartelle aufsteckten.

Es folgten diverse Aufdeckungen von Kronzeugen,
die sich nicht länger dem Kartellvergehen beugen
und wieder nach „ehrlichen Kaufleuten" äugen.

So flogen Wirtschafts-Kartelle zuhauf
durch Kronzeugen-Regelung nach langer Zeit auf
und die Kunden zahlten nicht mehr drauf.

Zement, Lastwagen, Kaffee, Zucker und Wurst,
Biere für den kleinen und großen Durst,
wobei du als Verbraucher schon mal knurrst.

Kartelle bestehen seit vielen Jahren,
aber erst durch Aufdeckung ist man sich im Klaren,
wie hoch die wirtschaftlichen Schäden waren.

Dauer und Gewinne lassen sich kaum aufdecken,
denn die Unternehmen können vieles verstecken,
da sich Rechtszeiträume auf 10 Jahre erstrecken.

Die Strafsummen von einigen hundert Millionen
können sich bei langer Kartellzeit dennoch lohnen,
da sie das Marketing-Budget gewaltig schonen.

Geschädigt ist letztlich der Konsument,
der von all diesen Machenschaften nichts kennt
und brav in die Schaufeln der Konzerne rennt.

Subventionen

Subventionen sind finanzielle Flüsse
von Staaten an Unternehmen als Zuschüsse,
etwa zum Überleben als warme Regengüsse.

Aus öffentlichen Mitteln gewährten Zuwendungen
sind auch Steuer-Vergünstigungen
oder Gebühren-Ermäßigungen.

Genehmigungspflichtige Beihilfe oder Subvention
sind zwei Begriffe in der Europäischen Union,
als Anreize für eine bestimmte Investition.

Große Unternehmen – reichlich Subventionen

Einen Großteil der Förderung erhalten die Bauern,
denn sie sind mit der Konkurrenz zu bedauern,
wobei auch Agrarverbände auf Zuschüsse lauern.

70 % der Mittel in der BRD gilt dem Agrar-Areal,
unabhängig von einer Bewirtschaftungs-Qual,
als Landschafts-Förderung nur so mal.

Bei der EU-Agrar-Förderung ist es ein Drittel
der gesamten 1824 Milliarden Euro Fördermittel,
ein weiteres Drittel geht an regionale Büttel.

In Deutschland werden jährlich 50 Mrd. € an Subventionen veranschlagt,
wobei der Energie-Sektor am meisten einklagt,
aber auch der Industrie 5 Mrd. € zusagt.

Masken - Impfen - Korruption

Der russische Angriffskrieg trifft viele Staaten,
weshalb sie zu hoher Unterstützung raten
und gezwungen sind viel Geld zu „verbraten".

Aber auch wichtige Industrie erhält Unterstützung,
für ihre notwendige Aufgaben-Erledigung,
besonders erhält der Strom eine Abfederung.

Wichtige stromintensive Produktionen
erhalten ansehnliche Subventionen,
die sich durchaus betriebswirtschaftlich lohen.

Das ruft natürliche Begehrlichkeiten auf den Plan
und man gibt nur verhalten seine Verbräuche an
oder schließt die Elektrolysen dann gar nicht an.

Steuern

Steuern soll der Staat haben,
nennt er sie auch Gebühren oder Abgaben,
sonst würden wir seine Arbeit untergraben.

Doch er verschwendet sie auch mit vollen Händen,
rechtfertigt das mit Worten wie aus Bänden,
als ob wir das dann gerechtfertigt fänden.

Das Schwarzbuch der Steuerverschwendung,
herausgegeben von der Steuerbund-Innung,
erregt jedes Jahr Ärger und Verwunderung.

Verschwendungen werden jährlich angeprangert,
wie der Staat mit unseren Steuergeldern verfährt.
Die Kritik ist aber schnell verjährt.

Die Steuern kann deshalb keiner zurückhalten,
wie es Mieter bei Wohnungsschäden halten.
Seine Steuerpflicht muss jeder Bürger einhalten!

Reiche werden immer reicher,
die Währung schwächelt weich und weicher:
Die Inflation kommt wie ein Schleicher.

Gewerbe-, Umsatz-, Getränkesteuer:
Für Betriebe kommt das alles teuer,
und bei Weitergabe gibt´s konkurrierendes Feuer!

Wir bezahlen drei oder viel Mal Steuern,
wenn wir ins Lokal gehen oder etwas erneuern,
was unsere Lebenshaltungskosten arg verteuern.

Wenn die Geldanlage Zinsen abwirft,
ist´s die Steuer, die daran schlürft.
Wirft sie Verluste aus, hätte es der Abzüge bedürft.

Für die Bundesbürger ist die Steuer
ein wahres Ungeheuer:
Ihre Erklärung geht kaum noch ohne Betreuer.

Die jährliche Steuererklärung
mit der dauernden Änderungs-Bescherung
bedeutet immer wieder eine Nerven-Zehrung.

Das Sammeln aller Unterlagen
ist ja gerade noch so zu ertragen,
verwirrend sind die Eingabe-Unterlagen!

Das ist die Stunde der Steuerberater!
Sie geben alles in den Finanzamts-Krater
und vermeiden so beim Steuerpflichtigen einen
„Nerven-Kater"!

Aber sie kassieren ein ganz schönes Geld,
was einem dann zusätzlich auf die Füße fällt,
wo man es doch immer fester zusammenhält.

Politiker können über Steuern relativ frei verfügen.
Einiges läuft auch zu ihrem eigenen Vergnügen:
Als Lateral-Vergünstigung auf diversen Ausflügen.

In Hessen lebt ein ehemaliger Landrat,

der nach einem Tsunami sein Herz für Sri Lanka verloren hat,

weil ein Edelstein-Händler ihn um Spenden bat.

Als Gast an Schulen im Spendenlauf-Rahmen,

konnte er einen Teil der Gelder vereinnahmen,

die dann, selbst gebracht, nach Beruwala kamen.

Schon zu Landrats-Amtszeiten

brachte er Steuern in die Weiten,

um sich in der Leute Dankbarkeit zu weiden.

In Hanau am Mainufer stehen drei Holzkisten,

gefertigt nach eines Künstlers Listen.

Wenn die Bürger von der 80.000 Euro Künstler-Gage wüsten!

Einst erhielt ein Chemieunternehmen eine Million,
für ein neues Recycling-Verfahren an Subvention.
Bei der Zusage kannte man das Versagen schon.

So wurden die Berichte zurückdatiert
und so die Bundesstelle desinformiert.
Erst nach fünf Jahren hatte man kontrolliert.

Die staatlichen Kontrolleure kamen aus Bonn.
Man zeigte ihnen RI-Pläne und Berichte davon.
Dann lud man die ein, in einen teuren Salon.

Schließlich wollte sie die geförderte Anlage sehen,
um die sinnvolle Investition zu verstehen.
Aber da mussten sie wieder zum Bahnhof gehen.

Die Subventions-Empfänger handelten gewieft.
Nie wurde das subventionierte Verfahren überprüft
und nie wieder ordnungsgemäß vertieft.

Ein weiterer Fall von Subventions-Ungeschick
brach der Aufsichtsbehörde fast das Genick:
Dabei hatte ein Privat-Investor riesiges Glück.

In ein Sanierungs-Gebiet flossen 80 Millionen.
Grundwasser war kostenaufwendig zu schonen,
vor Altöl und anderen Kontaminationen.

Jetzt fiel das riesige Gelände
für einen Euro in des Privat-Investors Hände,
als ob sich kein anderer Bieter fände.

Denn die beiden, mit der Übernahme Betrauten,

die auf kein anderweitiges Interesse bauten,

ließen den Termin in einer Bar verstreichen und

schauten.

So verloren der Staat und das Bundesland

80 Millionen Euro an Subventions-Pfand,

durch leichtsinnige Beamten-Hand.

Aber das sind relativ überschaubare Sprösslinge,

denn viel mehr verschlingen die Flüchtlinge

sowie die Unterstützung der EU-Sonderdinge.

Die Pandemie kostete ebenfalls Milliarden,

der Kampf gegen Covid mit allen Helebarden,

mit Impfungen und medizinischen Fach-Garden.

Griechenland erhält eine nach der anderen Tranche,
wie kaum eine landeseigene Branche.
Das verwundert und ärgert so Manche!

Für nachwachsende, nachhaltige Energieträger
entstehen ganze Subventions-Läger
sowie immer mehr Subventions-Jäger.

Was hat die Atom-Energie für Geld verschlungen?
Welche Lieder hat man an ihrem Grab gesungen?
Wer ist dafür zur Rechenschaft gezwungen?

Erhalten die meisten staatlichen Subventionen,
die ihre Bedürfnisse am eindringlichten betonen
oder in Beziehung vernetzte Kooperationen?

Hausbesitzer sollen ihre Grundsteuer erklären
und können sich dagegen nicht erwehren,
anstatt zu den vorhandenen Daten zu kehren.

Millionen Immobilienbesitzer sind verstört,
verhalten sich zu diese Zusatzbelastung empört,
denn sie finden diese Bürgerbehandlung verkehrt.

In einer Zeit von Corona-Pandemie und Krieg
vollbringt die Regierung den falschen Einstieg
und verliert bei der nächsten Wahl ihren Sieg!

Wenn Steuerbehörden nur annähernd wüssten,
wie sich Bürger über die Erklärungen entrüsten,
würden sie sich mal mit Erleichterungen brüsten!

Bildungspolitik

Bildungspolitik ist die Gesamtheit der Maßnahmen,
sowie aller Handlungen und Regelungen Rahmen,
die für diverse Lernprozesse in Frage kamen.

Inhalt, Ressourcen sowie auch die Organisation
stehen bei der Bildung an oberster Position.
Eine aufgeklärte, reife Jugend wäre der Lohn.

Doch dieses Ziel wird noch weit verfehlt,
denn die jungen Menschen sind nicht beseelt,
dass Bildung optimal läuft, was sie nicht verhehlt.

Stand noch am Anfang staatlicher Bildungspolitik

Interesse am Schreiben, Lesen und Mathematik,

der sozialen Ruhe wegen als Taktik,

erwuchs mit der Zeit der politische Mut

mit der Devise: „Bildung ist ein öffentliches Gut!"

So bringt der Staat hohe Ziele unter einen Hut.

Der Staat erhielt ein faktisches Bildungs-Monopol,

mit dem Einser-Abitur als Erfolgs-Idol,

wer bis dahin nicht anheimgefallen an Drogen und Alkohol.

Die Zuständigkeit für Bildung und Kultur,

nicht gerade einheitlich und obskur,

bei der jeweiligen Bundesland-Struktur.

„Danke, Herr Abgeordneter, für ihre Unterrichts-Demonstration in unserer dritten Klasse!"

Bildung entscheidet in besonderem Maße,
erhält man die gewünschte Ausbildung oder liegt man auf der Straße,
liegt das Leben im Ernst oder im Spaße.

Schon in der vorschulischen Betreuung
bemerken Bürger eine gewisse Streuung:
an Einsicht, Qualität und Besetzung.

Schon im Kindesalter legt man idealerweise
die rechten Elementar-Kompetenzen auf Gleise:
Denken, Wissen, Kommunikation gehen auf Reise.

Der Mensch wird zur Persönlichkeit geformt.
Dafür sind elementare Kulturtechniken genormt:
Was Lesen, Schreiben und Rechnen anspornt.

Hinzu kommt noch das leidige Auswendiglernen,
damit sich in den wachsenden gehirninternen
Synapsen bilden, zum Wohle von z. B. Konzernen.

Die Chancen-Gleichheit in den Lehranstalten
ist nur mit großen Mühen zu gestalten:
Es hängt davon ab, wie sich Beteiligte verhalten.

Gar unverständlich sind Anforderungs-Qualitäten,
von Schule zu Schule per Pädagogik-Autoritäten:
Die eine einfühlsam, die andere von der Strenge
wie bei preußischen Räten.

Die Reichen und die Superreichen
lassen ihre Kinder kaum durch Staatsschulen streichen,
für den Staat kein vorbildliches Zeichen!

Auf Privatschulen und Internaten
ist auch Einzel-Unterricht angeraten;
zudem kann man kleine Klassen erwarten.

Montessori-Schulen sehen die Pädagogik
als „Hilfe zur Selbsthilfe" in einer anderen Logik
und haben stets das Wohl der Kinder im Blick.

Die Waldorf-Pädagogik nach Rudolf Steiner
verfügt über besonders einfühlsame Trainer,
auf anthroposophischer Weise, aber astreiner!

Tausende dieser Sonder-Trägerschaften,
kann das deutsche Bildungs-System verkraften,
mit all den Machenschaften für Herrschaften.

Der folgenreiche Sprung in die Arbeitswelt

Ein Geheimtipp für freudiges Lernen zum Abitur
sind neuseeländische Schulen ohne Tortur,
aber mit individuell Spaß machender Prozedur.

In eineinhalb Jahren mit breitem Fächer-Angebot
kommt keiner der Schüler in Angst und Not:
Mit fünf Prüfungsfächern kommt alles ins Lot.

Englisch, Mathe, Chemie, Kunst und Religion:
Welche interessante Fächer-Kombination!
Kein Französisch, kein Latein – die Sensation!

Warum ist Bildungs-Politik Länder-Angelegenheit?
Haben Länder eine spezifische Gegebenheit?
Kinder, die umziehen müssen, erleben ein schier
unverständliches Leid!

„Mit Rücksicht auf Ihren ehrenwerten Herrn Vater wollen wir das Examen als bestanden ansehen."

Nachhaltigkeit

„Sustainability" oder zu Deutsch: Nachhaltigkeit
steht für eine leicht einzusehende Notwendigkeit,
national, international und weltweit.

Nachhaltigkeit ist wie ein Drei-Wege-Katalysator,
mit Ökonomie, Ökologie sowie dem Sozial-Sektor,
für die Zukunftssicherung das entscheidende Tor!

Die Generation von Morgen
soll sich nicht um ihre Zukunft sorgen,
die schon wir von ihnen borgen.

Jede Menschheits-Generation, auf allen Achsen,
soll in gleicher hoffnungsvollen Lage aufwachsen,
ohne Entbehrung und politischen Schwachsinn.

Die Wirtschaft darf nur auf das zurückgreifen,
was wieder zurückkommt, wenn auch in Schleifen,
ihre Verfahren müssen zur Nachhaltigkeit reifen.

Das beginnt beim Umgang mit Mitarbeitern
von exzellent qualifizierten Abteilungsleitern.
Und da gibt es noch Vieles zu erweitern!

Direktoren sollten sich um ihre Firma kümmern,
und nicht um unverschämte Entlohnung wimmern,
auf dass ihre Reichtümer immer heller schimmern.

Unternehmen sollten wieder offen und ehrlich
auftreten, denn ihre Veitstänze sind entbehrlich.
Ansehen erreichen sie damit schwerlich!

Produktionen müssen Ressourcen ersetzen,
sicher laufen und keine Mitarbeiter verletzen,
sondern Arbeitssicherheit pflegen und schätzen!

Gefahren, die von Stoffen ausgehen,
müssen Beschäftigte schon im Vorfeld sehen
und damit sicher und nachhaltig umgehen.

„In Kreisläufen denken!" heißt die Devise,
bei der Sauberkeit reinigt man jede Fliese
und hilft sich mit der Waschwasser-Reinigung aus
der Krise.

Warum Fauna, Flora, Habitat?
Das macht die Wirtschaft alles patt,
damit man Produktion und Arbeit hat!

Chemiker arbeiten an einfachen Verfahren,
mit Eintopf-Reaktionen als die wunderbaren
und quantitative Umsetzzungen als die wahren.

Letztlich müssen sich die Betriebe lohnen:
Im Vertrieb müssen gute Renditen wohnen,
aber Umwelt und Gesundheit sind zu schonen.

Aus Mangel an Überwachungs-Arbeitskräften
kann sich der Staat nicht an alle Firmen heften!
Aber das führt auch zu unsauberen Geschäften!

Nach Hoechst und Sandoz folgte noch ganz fair
das kanadische Programm „Responsible Care":
Letztlich ein Feigenblatt und nicht viel mehr!

Durch wohlklingende Selbstverpflichtungen
hatte man gegenüber Legislativen Zeit errungen.
Die hatte sich aber Ergebnisse ausbedungen.

Die Eigenverantwortung der lange Beklagten
ist „Bock zum Gärtner machen", wie einige sagten,
aber toll, dass Bosse das so überzeugend wagten.

So zeigte sich nach einigen Jahren,
dass die Versprechen kaum eingehalten waren:
Die Industrie musste sich offenbaren.

Enttäuscht wollte die EU-Legislative zuschlagen,
weil kaum Umsetzungs-Resultate vorlagen:
Es kam die „REACH-Verordnung" zum Tragen.

Mit Registrierung, Evaluierung und Autorisierung
brachte die Europäische Union neuen Schwung,
denn jede Chemikalie bedurfte einer Abwägung.

Welche Stoffe sind überaus schädlich,
vielleicht auch entbehrlich?!
Sie sind zu charakterisieren, aber ordentlich!

Bei der Europäische Chemikalien Agentur,
in Helsinki, entstand eine entsprechende Struktur
mit 2000 Beschäftigten. Die machte Inventur.

Deutsche Umwelt-Behörden handelten rigoros,
junge Akademiker stellten viele Firmen bloß,
undiplomatisch, kurzsichtig und kompromisslos!

Die Gewerbeaufsicht hatte vieles nicht im Blick:
In Markt Redwitz, unserer ältesten Chemiefabrik,
trieften die Wände mit Quecksilber-Schlick.

Das Regierungs-Präsidium samt Genossen
hatten viele Jahre die Augen verschlossen,
denn sie waren leicht zu narren von den Bossen.

Auch in Frankfurt, bei Elwenn & Frankenbach,
kontrollierten die Behörden nur schwach:
Das Quecksilber rann dort offen wie ein Bach!

Langmütig war man bei den Pintsch-Betrieben,
im Hanauer Hafen, jahrelang geblieben.
Man hatte sich dem Altöl-Recycling verschrieben.

Schließlich waren Luft und Boden so kontaminiert,
so dass man eine Sanierung programmiert,
die letztlich zu über 100 Millionen DM Kosten führt.

Als das Land das Gelände über nehmen wollte,
erhielt es ein Bieter, der nur einen Euro zollte,
weil der entsandte Beamte sich im Café erholte.

Der „Ehrliche Kaufmann" ist eine Märchengestalt,
nur eine hinreichende Aufsicht bietet Einhalt.
Aber bei der Geldnot kommt sie nicht so bald!

Ohne Investition erwächst kein Fortschritt,
aber das Meistern nehmen die Fabrikanten mit,
Mitarbeiter hält man mit Almosen quitt.

Manche wollen kaum in ihre Firma investieren,
holen aber Subventionen mit feinen Manieren,
um dann alles selbst zu konsumieren.

In Entwicklungsländern ist das schon guter Stil,
denn sie lernten von ihren Kolonialherren viel,
aber des Volkes Wohlstand war nie das Ziel.

Konjunkturen nehmen die Herren noch mit,
verkaufen Unternehmen mit gutem Schnitt
und haben genügend Geld für den nächsten
Unternehmer-Schritt.

Dann gehen sie nach Indien oder China,
denn da machen Arbeiter noch gepflegte Diener,
Männer sowie auch demutsvoll die Feminina.

Die Ethik in Politik und Industrie,
bei all ihrem Esprit,
braucht eine glaubhafte Strategie.

Dabei hätte eine nachhaltige Wirtschaft
eine überaus hohe Schöpfungskraft,
fließt in ihren Adern ein anständiger Saft.

Warum ist man in Skandinavien glücklicher,
vor Angst und Misstrauen weitgehend sicher,
als in den Wohlstandsstaaten südlicher?

Je höher der Grad der Ungleichheit im Staat,
desto umfangreicher steht das Misstrauen parat.
Neuseeland und Australien folgen diesem Rat!

Das zweite Bein der Nachhaltigkeit
ist der Umweltschutz, weit und breit,
mit Augenmaß, weitsichtig und gescheit.

Jeder Konsument ist aufgerufen,
sein Kaufverhalten nachhaltig einzustufen,
sonst kommt man nie in die Hufen!

Kleidung aus dem armen Bangladesch,
ist preiswert, vielfältig, elegant und fesch,
aber ökologisch und logistisch dramatisch!

Die Kleidung legt Tausende von Meilen zurück,
zu des reichen Westen Käufer-Glück,
aber es kleben Leid und Blut an jedem Stück!

Vögel und Säugetiere gelten als äußerst bedroht,
über der Hälfte Menschen fehlt Wasser und Brot.
Ressourcen-Kreise kamen schnell aus dem Lot!

So man eine alte Buche einschlage,
halten erst 2000 Jungbäume die Waage,
in CO_2-Umsetzung und Sauerstoff-Ertrage.

Vorm Abholzen von 100.000 km² Regenwald
machen die Menschen Jahr für Jahr keinen Halt,
weil die Fläche dem Soja und Zuckerrohr galt.

Der Gesamtwert der Natur-Bereitstellung
ist 2-mal so hoch wie die Weltwirtschafts-Leistung!
Da zeigt sich Umweltfrevel als Erdreistung!

Allein der Tourismus in Naturschutz-Gebiete
erwirtschaftet eine höhere „Aufenthalts-Miete",
als die gesamte Stahl-Industrie mit ihrer Rendite!

Die Diagnosen im Natur- und Artenschutz
sind so alt, wie der von der Wand bröckelnde Putz!
Wann realisieren wir endlich Vorteile und Nutz´!?

Dicke Umwelt und Nachhaltigkeits-Berichte
verhelfen den Unternehmen zu einem Gesichte,
aber langfristig entlarvt sich eine Fake-Geschichte.

Man denke an den Diesel-Greenwashing-Skandal:
Subventionen erwiesen sich als fatal,
und Stickoxid- sowie Staub-Emissionen allemal.

Je öfter Verbraucher betrogen werden,
desto schneller mutieren sie zu kritischen Herden,
die Firmen mit zu viel Eigenlob wieder erden.

Wenn mehr Gelder für Werbung fließen,
als Unternehmen in Umweltschutz einschießen,
muss der Etiketten-Schwindel verdrießen!

Menschen der „letzten Generation" monieren,
und mit besprizten Kunstwerken protestieren:
Sie sehen die Politiker zu langsam marschieren.

Einen Klima-Kollaps können wir uns nicht leisten!
Das verstehen mittlerweile die Meisten,
denn Missernten, Hunger und Krieg sind Folgen,
weil Nachhaltigkeits-Programme entgleisten.

Mit dem dritten Nachhaltigkeits-Fundament,
welches man die „soziale Verantwortung" nennt,
ist das, was die Mehrheit verkennt.

Schon 1992, bei der Rio-Konferenz
offenbarte sich die Reichtum-Armut-Differenz.
Seitdem wuchs noch diese Divergenz!

Gegen Hunger und Elend auf dieser Welt
hilft kein Spenden, kein gutes Wort, kein Geld,
weil alles den Potentaten in die Arme fällt.

Großunternehmen und Banken verdienen
und Millionen von Arbeiter müssen das sühnen,
denn deren Leben verläuft auf kaputten Schienen!

Die Produktivität ist in den Jahren derart gestiegen,
Güter ließen sich auf doppelten Ausstoß kriegen,
als müssten alle Menschen im Wohlstand liegen.

Aber nicht Muße und Freizeit ist das Resultat,
sondern Stress und Verdichtung bis zum Spagat,
was auch viele Arbeitssuchende geschaffen hat.

Die große Mehrheit fordert unterdessen,
die derzeitige Wirtschafts-Ordnung zu vergessen:
Sie wollen z. B. die Arbeitszeit auf 30 Stunden
bemessen.

Einige schaffen selber neue Arbeitsplätze,
produzieren Landwirtschafts- und Kunstschätze
und haben lobenswerte soziale Vorsätze.

Wenn Bosse sich zum 1000- und 10.000-fachen
Verdiener in ihrem Unternehmen machen,
müssen die sozialen Gefüge zusammenkrachen!

Jeder siebente offizielle Bundesbürger
ist ein Opfer der Lebenshaltungskosten-Würger
und fürchtet sich vor dem Alter später.

Jeden dritten Job bedienen Leiharbeits-Firmen
mit ärmlichen Entlohnungen zum Erbarmen,
aufgefangen von Sozialhilfe-Schirmen.

Das soziale Leben in unserer Republik
hing ohne Ehrenämter schon lange am Strick.
Der Staat hat das Ehrenamt professionell im Blick.

Eine gute nachhaltige Strategie
berücksichtigt Ökonomie und Ökologie
sowie das Soziale mit großer Akribie.

So bestimmt die professionelle Ehrenamt-Agentur
in jeder Stadt die soziale Betreuungs-Struktur,
jedoch in sehr unterschiedlicher Kontur.

Manche Übungsleiter arbeiten im Sport für lau,
andere gelten mit hohem Entgelt als schlau,
selbst innerhalb des Vereins weiß es keiner genau!

Ehrenamtliche Politiker kassieren additiv,
Pauschalen, für die manch´ Dame beischlief
oder zum Stempelgeld ins Arbeitsamt lief´.

Dozenten, die ehrenhalber Vorlesungen abhalten,
und sie an Hochschulen professionell gestalten,
unterliegen vergütungsfreien Statuts-Gewalten.

Soziale Nachhaltigkeit zielt auf die Würde,
ohne große Benachteiligungs-Hürde,
in fairer gesellschaftlicher Belastungs-Bürde.

Arbeiten unter sozialem Standard
ist ein bedeutender Nachhaltigkeits-Part.
Er komme überall auf der Welt in Fahrt!

„Corporate Social Responsibility" ist ein Konzept,
bei dem deutschen Arbeitern das Interesse ebbt,
weil das Unternehmen Anglizismen einschleppt.

Firmen brüsten sich als international kompetent,
indem man englische Begriffe nennt
und nicht das Empfinden der Belegschaft kennt.

Soziales Engagement verbessert zwar
Ruf und Ansehen wunderbar,
aber bringt nichts in die Kasse übers Jahr!

So werden soziale Einzelaktionen aufgebauscht,
groß mit den Medien ausgetauscht,
ohne dass man den Hintergründen lauscht.

In Nachhaltigkeits-Audits und Güte-Siegeln
können sich Unternehmen wiederspiegeln,
die ansonsten ihre Tore verriegeln.

Bekannten sozialökonomische Fertigungen
sind die ersten Markt-Erfolge gelungen,
auch haben sie keine Lobeshymnen gesungen.

Nachhaltigkeit heißt vor allem auch:
Mit Treibhausgasen stehen wir auf dem Schlauch.
Bisher sind Vorhaben Schall und Rauch!

In den weiten Ozean-Schelfbereichen
erleben Korallen umfangreiche Bleichen,
weil die Polareis-Kühlungen nicht ausreichen.

Wenn erst die Gletscher in den Alpen fehlen,
müssen sich Alpenländler mit Wassernot quälen:
Wo sollen sie im Sommer das Wasser stehlen?

Mit Nachhaltigkeit ist jeder gefordert:
Ob er weniger Konsumgüter ordert
Oder sich um weniger Abfall kümmert!

Verkehrspolitik

Verkehrspolitiker planen die Infrastruktur
in einer nachhaltig ausgewogenen Kontur
und bringen sie auf die richtige Spur.

In wenigen Jahren endet der fossile Ausverkauf,
und der Agrosprit ist auch kein Dauerlauf.
Es beginnt die öl- und kohlefreie Zeit - Glückauf!

Den Höhepunkt der weltweiten Ölförderung
beziffert man auf 2010 nach berufener Schätzung.
Das ruft nach umgehender, strategischer Lösung!

Die Mobilität mit nachhaltigen Energieträgern,
die den privaten und öffentlichen Verkehr erobern,
wird die Treibhausgas-Emission erheblich mindern!

Diese Umstellung heißt „Verkehrswende".
Um sie kümmern sich nicht gar berufene Hände.
Aber auch das erfährt hoffentlich bald ein Ende!

Was kommt auf die Straße, was auf die Schiene?
Als ob man nur öffentlichen Nahverkehr bediene!
Über teure Luftfracht verfinstert sich die Miene.

Und was wird für die Radler geschaffen,
die sich emissionsfrei auf die Fahrräder raffen?
Sie kämpfen mit relativ stumpfen Waffen.

Da haben Autofahrer schon eine andere Lobby:
„Kein Tempolimit!" ist der Automobilclubs Hobby,
als führten sie auf den Autobahnen die Regie!

Die Regierungs-Opposition verhält sich gar still,
weil sie nicht an ihr Maut-Desaster erinnert werden will,
und sie befürchte ein Strommangel-Overkill.

Dabei ist eine Verkehrswende kein leichtes Spiel:
Der Antriebs-Varianten gibt es noch zu viel,
denn noch konkurrieren sie in mäßigem Stil.

Brennstoffzelle, Wasserstoff oder Batterie,
aber woher nehmen wir die Entstehungs-Energie,
denn Atomkraftwerke schickte man in die Prärie.

Über Energie aus Fotovoltaik oder Windkraft
phantasiert sich immer wieder fabelhaft,
solange man sie nicht hinreichend herbeischafft.

Wasserstoff als Treibstoff und Strom-Produzent
verbraucht erst einmal viel Strom, wie man kennt,
und man halte ihn sauber vom Sauerstoff getrennt!

Auch Kohle kann der Wasserstoff ersetzen,
wie schon Fachleute einschätzen,
und Stahlkocher können ihre Konverter wetzen!

Als Energieträger ist der Wasserstoff ein Traum,
doch man gebe auch seiner Gefährdung Raum,
denn darüber sprechen die Befürworter kaum!

Wie war das doch noch vor einigen Jahren,
da konnte man im Zeppelin nach Amerika fahren,
aber nach der Explosion lag man sich in den Haaren.

Vorteil des Wasserstoffs ist sein Lager-Potenzial,
denn das ist bei den Batterien recht schmal.
Batterien sind jedoch bei Kleinfahrzeugen ideal!

Bei aller zukünftigen Verkehrsplanung,
verteilt auch die Vergangenheit eine Mahnung:
Wer hatte schon von der kurzen Standzeit der Autobahn-Brücken eine Ahnung?!

Sanierung von Straßen, Schienen und Brücken,
steckt der Verkehrspolitik zudem im Rücken.
Hoffnung gilt der Zukunft, ohne diese Krücken!

Die Blech-Lawinen all auf den Straßen
entwickelten sich in Übermaßen,
als ob die Bürger nie in Bahn und Bussen saßen.

Nach der der Ost-West-Wiedervereinigung
forderte die Verkehrspolitik eine neue Ordnung,
denn im Osten herrschte Straßen-Verwahrlosung.

Zudem erweiterte sich der LKW-Transitverkehr
immer mehr und immer mehr,
fast explosionsartig zu einem Lastwagen-Heer.

Straßen- und Brücken-Reparaturen,
vervielfachten sich bei verdichteten Fahrspuren
auf denen immer mehr Fahrzeuge fuhren.

Autobauer litten unter Senkung der Abgaswerte
und antworteten mit illegalem Schwerte,
welches eine preiswerte Schad-Software lieferte.

In den letzten Jahren schenkte man dem Zweirad-Verkehr mehr Beachtung.
Aber durch die anwachsende E-Rad-Nutzung
steigt auch die Strom-Verschwendung!

Wer soll den ganzen Strom-Bedarf bereitstellen,
bei zukünftigen, vagen Energie-Modellen,
wenn Politiker nicht tatkräftiger voran schnellen?

Infrastruktur-Probleme bietet der Verkehr zu Hauf:
Wie viele Güter nimmt die Schiene auf?
Welchen Rucksack sattelt Umweltschutz drauf?

Ordnungspolitik soll die Märkte regulieren,

Strukturpolitik volkswirtschaftliche Ziele fixieren

und Nachhaltigkeit die Renditen boykottieren.

Maßnahmen der Technologie-Politik

haben die telematische Verkehrslenkung im Blick.

Sie erhöht die Verkehrs-Sicherheit mit Geschick!

Doch der Spagat zwischen Plan und Umsetzung

zeigt sich nirgends so groß, wie in der Verkehrs-Nutzung,

unter aller Anforderungen Berücksichtigung!

Den Kampf gegen mehr Verkehrs-Aufkommen

haben Politiker mit Vermeidung aufgenommen,

sowie in Verlagern und Verkehrs-Beruhigung gesehen.

Sicherheitspolitik

Jeder Staat bewaffnet sich mit seinem Militär,

mit Luftwaffen, Marine und großem Heer,

aber in stabilen Friedenszeiten bräuchten sie das nicht mehr.

Aber leider ist auch dem offenbaren Frieden

ein hinterhältiger Trugschluss beschieden:

Staaten werden schnell okkupiert, haben sie eine Bewaffnung vermieden.

Im Zuge der Ressourcen-Verknappung droht,

bei wachsender existenzieller Rohstoff-Not,

die Kriegsbereitschaft und das Waffen-Aufgebot!

Militär-Experten sehen diese Entwicklung genau,
denn das Risiko stellt sich vielerorts zur Schau,
mit Anspruchs-Konstruktionen und Gebiets-Klau.

Wie bereitet man sich auf Angriffs-Kriege vor?
Wer organisiert den Verteidigungs-Motor?
Wer macht für Volk und Militär den Mentor?

Bürokratisch ist das alles genau geregelt,
auf dicken Akten peinlichst genau eingefädelt.
Wie aber wird das in die Realität umgewandelt?

In der Ukraine sehen wir täglich lebensnah,
was bei Angriff und Verteidigung geschah!
Aber es ist noch weit weg, was man sah.

Soldaten kämpfen mit elektronischen Waffen,
deren Funktion sie bei guter Ausbildung raffen,
können damit umfangreiche Zerstörung schaffen.

Wer aber bereitet die Zivilbevölkerung vor,
schnell, schnell – zwischen Angel und Tor?
Ein Tor, wer den ewigen Frieden beschwor!

Völkerrechtlich sind Angriffs-Kriege geächtet,
so dass man legal mit keinem Angriff rechnet,
wodurch sich jedoch die Realität unterscheidet.

Kriege haben keine Helden mehr,
keinem gebührt ein Sieger-Lorbeer,
setzen sie sich auch für ihr Land zur Wehr

Setzte das deutsche Verteidigungs-Ministerium
anfangs 1955 noch auf militärisches Heldentum,
so fragt man sich heute nach dem Warum.

War Heldentum stets mit dem Militär verbunden,
ist es heute weitgehend als nutzlos überwunden,
denn man hat andere Kampf-Ideale gefunden.

Das Militär wandelte sich zu einer Verwaltung,
mit Dienstplänen und unzureichender Gestaltung,
unterfinanziert und in desolater Haltung.

Hatten die ersten Minister für Verteidigung
noch eine fundierte militärische Ausbildung,
fehlt das heute bei der obersten Führung.

Ahnungslos an der Spitze zu stehen,
wird im Volk und bei Soldaten hämisch gesehen,
als würden Schiffe mit Beamten auf See gehen.

Zudem zeigte sich in der Ukraine-Krise,
kaum gab es Unterstützungs-Waffen für diese:
Nicht einsatzfähig! – Sparsamkeit hieß die Devise.

Welch´ trauriges Bild gibt sie her,
die einst so stolze, geachtete Bundeswehr!
Die Bevölkerung erfährt von ihr nichts mehr!

Als Berufsheer verwaltungstechnisch abgeschottet,
Waffen unbrauchbar, verstaubt und eingemottet,
aus gewollter Unkenntnis von Bürgern verspottet!

Als Bündnis-Partner der NATO
sollte Deutschland gerecht handeln, nach Plato!
Aber ignorierte die 2% vom BIP bis dato!

Zwei % des Brutto-Inlandsprodukts, Minimum,
für Verteidigungs-Ausgaben vereinbarte einst das
NATO-Gremium.
Deutschland brachte nur 1,4 % auf das Podium.

Damit liegt es noch unter dem NATO-Schnitt,
und da machen immerhin 28 Staaten mit,
wobei Deutschland auf Platz 17 tritt.

„Unsere Armee hätte erhöhte innere Bereitschaft",
erweis sich mit dem kaputten Gerät als lachhaft,
wie auch die vielen Berater ohne eigene Kraft!

Bis in die 90-iger Jahre verfügte die Bundeswehr
über 500.000 Soldaten mit Material und Gewehr.
2011, mit Abschaffung der Wehrpflicht nicht mehr!

Mit der Berufsarmee von rund 180.000 Soldaten
tragen 8.000 Wehrpflichtige Rucksack und Spaten,
fast 60.000 sind auf die Berufs-Schiene geraten.

Eine Mehrzahl niedriger Militär-Dienstgrade
meldete sich aus ostdeutschem Gestade,
denn die Arbeitslosigkeit grassierte dort gerade.

Sie sind es auch, die sich für Auslands-Einsätze melden,
nicht gerade mit dem Ziel eines Kriegshelden,
sondern des Geldes wegen auf riskanten Felden.

Seit 2001 wuchs der Frauen-Anteil
im zivilen Bereich der Bundeswehr relativ steil:
Über 30.000 Frauen versuchen dort ihr Heil.

Als Beamte und Angestellte arbeiten sie
als Ingenieurin in Wehrtechnik und Geologie,
als Sachbearbeiterin in Verwaltung und Biologie.

In Uniform stehen über 20.000 Soldatinnen,
die mit einem Drittel als Offizier Achtung gewinnen,
darunter auch kampferprobte Ärztinnen.

Sie kommandieren Kampfpanzer-Kompanien,
Ausbildungs-Zentren und -Batterien,
Flotten, Luftwaffen-Einheiten und FLAK-Artillerien.

Frauen haben sich aller Bereiche angenommen,
haben auch höchste Dienstgrade erklommen,
sind durch Leistung gleichberechtigt angekommen!

Das alles bedeutete große Umorganisationen,
in Infrastruktur, Schulung und Positionen
sowie im kasernenmäßigen Zusammenwohnen.

Kasernen erhielten Kindergärten,
weil sich junge Soldatinnen beschwerten.
Frauenspezifische Gegebenheiten sind
einzuplanen und zu bewerten.

Mit 200 Milliarden mausert sich die Bundeswehr
zu einem neuen schlagkräftigen Berufs-Militär,
was im Sinne der NATO dringend zu hoffen wär´!

Wie sieht die Welt auf Deutschland?

Das Land musste Höhen und Tiefen erleben,
hat keinen Grund, sich über andere zu heben;
das Volk wird ihm eine sichere Zukunft geben!

Das Land der Dichter und Denker,
der geschickten Staaten-Lenker,
hatte auch mal grausame Henker!

Die Schuld des Grauens baden Generationen aus,
noch heute gedenkt man des Holocaust-Graus,
denn viele verloren Leben, Heimat oder Haus.

Wie sehen die Menschen in anderen Ländern,
in der Welt und an Deutschlands Rändern:
Wie kann sich ein Weltkrieg-Verlierer verändern?

Ausgehend vom Agrarland im „Morgentau-Plan"
stieß der Westen dann die volle Unterstützung an,
da das Land Bollwerk gegen den Osten sein kann.

So bekam ein zerstörtes Land wieder Zunder,
erreichte ein nationales Wirtschaftswunder
und die grauen Farben wurden wieder bunter.

Die russische Besatzungs-Macht im Osten
besetzte Schaltstellen mit sozialistischen Posten,
aber die Menschen kamen nicht auf ihre Kosten.

Die Welt sieht auf unser Land von allen Seiten:
Sieht unsere Erfolge, aber auch wie wir streiten
und uns auf fast alle Lagen gut vorbereiten.

Schließlich zeigte das ersehnte Wiedervereinigen
einerseits das Ende vom sozialistischen Peinigen,
es gab aber auch viel zu investieren und zu
bereinigen!

Deutschland hat aus den Weltkriegen gelernt,
sich aber vom Nationalismus nicht völlig entfernt,
dabei ist Nationalstolz in keinem Land entkernt!

Die wachsende Globalisierung muss heißen,
dass sich Beziehungen stärker verschweißen,
ohne mit eigenen Konzepten auszureißen!

Die strukturelle Diskriminierung von Frauen
sowie das Auf-Ausländer-Herabschauen
ist auch in Deutschland weiter abzubauen.

Für die demokratische Widerstandsfähigkeit
empfiehlt sich innerer Auseinandersetzungsstreit
mit historischer wie gegenwärtiger Ungerechtigkeit!

Die friedliche deutsche Wiedervereinigung
ist weltweit ein Vorbild von großer Bedeutung.
Auch das Wahl-System erntet hohe Achtung.

Die russische Bevölkerung schaut verständnislos:
Sie verstehen die Eingliederungs-Politik rigoros,
und meinen, man stelle sich mit Sanktionen bloß!

Dennoch hegen viele Russen die Hoffnung
auf eine baldige politische Normalisierung,
denn westliche Wirtschaft erfährt Bewunderung.

Die Beziehungen zu den Polen,
nachdem sie europäische Werte verkohlen,
muss sich in Zukunft wieder erholen!

Die Holländer achten die deutsche Sparpolitik
und haben ihre Kontinuität lobend im Blick,
sehen aber das Verhältnis zu Frankreich mit Kritik.

Die einwanderungsfeindlichen Rechten,
die mit Fake-News und Ablehnung fechten,
bringen den Ruf des Landes zum Schlechten.

Die Abhängigkeit von russischen Oligarchen
konnte Deutschland vertrauensvoll verschnarchen,
bis die Beziehungen der Länder total zerbrachen.

Mit Israel gestalteten sich Beziehungen schwer,
anfangs lief verständlicherweise gar nichts mehr.
Mit der Zeit aber schätzen sich die Staaten sehr.

Amerikas Spott hatte tiefe Risse hinterlassen,
bei der einst guten Beziehung kaum zu fassen!
Gute Handelsbeziehungen aber füllen die Kassen.

Sensibel mit Herz entscheidet man im USA-Land,
in Deutschland mehr nüchtern mit dem Verstand;
das haben auch schon andre Staaten erkannt.

Für die Inder gelten wir als modernes Land,
unsere florierende Wirtschaft ist dort gut bekannt
und man hat viele Studierende zu uns gesandt.

Argentinier haben bei ihrem eigenen Leid
eine hohe Achtung vor deutscher Strebsamkeit,
aber den plötzlichen Ausstieg aus der Kernenergie
sehen sie nicht als sehr gescheit!

In Süd-Afrika dominieren deutsche Automarken,
unter denen die Beziehungen erstarken
und alles jenseits der Demokratie brandmarken.

Die wiedervereinigten Vietnamesen blicken
auf Deutsche stets als die weniger Verrückten,
da sie im Vietnam-Krieg Lazarettschiffe schickten.

In Spanien und Griechenland ballt man die Faust,
weil in Deutschland die Sparpolitik haust,
die ihnen unangenehm um die Ohren saust.

Die gesalzenen Sparauflagen

wollen besonders die Griechen nicht ertragen.

Sie hören nicht auf, über Deutschland zu klagen.

Die Iren ärgert die deutsche Prinzipien-Reiterei.

Aber besonders in Irland ist man dabei,

zu beweisen, dass Sparen das Richtige sei!

Die deutsche Willkommens-Kultur

erhält große Bewunderung, aber nicht nur:

Ordnung und Kapazität geraten oft aus der Spur!

Andere Länder sehen in Deutschland wahrhaft

gute Bildung und eine starke Zivilgesellschaft

sowie eine erstarkende umweltpolitische Kraft.

Das Land braucht zukünftig eine Intensivierung
der Fitness für die zukünftige Herausforderung
und verschläft die Potenziale der Digitalisierung.

Mit China bestehen gute Beziehungen,
dabei ist Chinesen oft das Spionieren gelungen,
in der Industrie sowie in anderen Umgebungen.

Chinesen studieren an deutschen Universitäten,
mit gut ausgestatteten finanziellen Diäten,
das Arbeiten an Verfahren mit modernen Geräten.

So brachten sie viel Knowhow in ihre Heimat,
verbesserten Verfahren mit neuem Automat
und machten China zu einem Technologie-Staat.

Mittlerweile sind deutsche Firmen alarmiert,
dass man nicht blind fremde Landsleute informiert,
Erfindungen gehen verloren, wenn man spioniert.

Aber die Abhängigkeit von China besteht,
besonders wenn es sich um Seltene Erden dreht,
deren Produktion zu 95 % in China abgeht.

Leider verläuft die Achtung der Menschenrechte
in vielen Ländern immer mehr ins Schlechte,
als ob es wirklich Frieden im Lande brächte.

Aber auch das deutsche Volk lernte schwer
aus Vergangenheit, Gräueltaten und Militär,
dabei bräuchte die Welt Gerechtigkeit so sehr!

Was uns die Zukunft bringt

Freilich ist das Orakeln derzeit ziemlich schwer,

denn viele Ereignisse verlaufen irritierend quer,

und von denen dieser Art werden es immer mehr!

Industrie und Finanzwirtschaft

prognostizieren immer wieder die Wirtschaftskraft,

nicht immer verläuft die Zukunft vorteilhaft.

Bewältigen wir die großen Krisen:

Das Bändigen der Staats- und Wirtschafts-Riesen,

Export-Rückgang und hinreichende Devisen?

Energiewende und Klimaschutz,
Reduktion von Giften und Immissions-Schmutz?
Hauen die Regierungen genügend auf den Putz?

Als ressourcenarmes deutsches Land,
haben Politiker die Rohstoffe lange verkannt,
selbst das Recycling in andere Länder verbannt.

Über das Ignorieren von sozialen Problemen,
denen sich Politiker nur unzureichend annehmen,
sollten sie sich gründlich schämen.

Wohnungsnot und Arbeitslosigkeit,
Diskriminierung und ausofernder Straßenstreit:
Ein vielschichtiges Problemfeld, das nach
politischer Arbeit schreit!

Wenn der Blick in die Zukunft so einfach wäre!

Pandemien, Kriege, Embargos, Inflation,
steigende Umweltschäden kennen wir schon,
Teuerungen schmälern Erspartes und Lohn.

Deutschland beendete Kernenergie verbissen,
ohne es unbedingt auch so schnell zu müssen
und hat uns damit ganz schön reingerissen!

Jetzt ist Energie noch für viele Jahre
für unser Land eine sehr teure Ware,
die sich in Knappheit und Inflation offenbare.

So wie wir im Alter die Haare verlieren,
müssen wir bald mit weniger Ressourcen agieren
und uns mit „Weniger ist mehr!" arrangieren.

Eine Zukunft im bescheidenen Individualismus,
mit der Devise „Im Einfachen liegt der Genuss",
bewegt sich dann der „homo compensaticus".

Menschen lassen sich von vielen Gegebenheiten
in der Gegenwart sowie in der Zukunft leiten,
denn sie sind für sich immer die Gescheiten.

Individualisten streben trotz der Gegebenheit
zu einer ihnen vorschwebenden Freiheit,
in Straßen-Demonstrationen und zig-fachem Streit.

Aber alles wird sich zum Besten wenden,
denn wir alle zusammen haben es in den Händen,
zu gestalten, wie wir es am besten fänden!

Zukunftsforscher setzen auf baldigen Megatrend:
Was wird aus dem, wo es heute noch brennt?
Wohl dem, der die Entwicklungen richtig benennt!

Welche Trends die Zukunft prägen,
können Forscher heut´ schon auf den Tisch legen,
um uns dem entsprechend zu bewegen.

Produktions- und Vertriebs-Gesellschaften
müssen sich zur Zukunfts-Schau verhaften,
sonst können sie die Megatrends nicht verkraften!

Viele Büroflächen werden nicht mehr gebraucht,
weil der Mitarbeiter in die Home-Arbeit taucht
sich nicht mehr auf Wegen zur Arbeit schlaucht.

Obst und Gemüse gehört die Zukunft
und nicht der Schlachter-Zunft!

Innenstädte erhalten größeren Platz,
Beschäftigte suchen außerhalb ihren Wohnplatz;
Den erreichen sie mit autonomen Autos ratzfatz!

Denn im autonomen Straßen-Verkehr
gibt es keine Staus und „Stopp-and-go" mehr,
Das erleichtert den Weg zu Arbeit sehr!

Die Wohnungsnot lässt sich beheben,
indem Menschen in neuen Wohnkonzepten leben,
zu engeren Gemeinschaften streben.

Kollektives Essen und Fernsehen
kann mit modernsten Methoden geschehen,
sich aber auch um das Individuum drehen.

Neue „Blockchain"-Systeme werden Verwaltungen
revolutionieren, in ihren diversen Abwickelungen
durch interne und externe weltweite Vernetzungen.

Sport als eine notwendige Kultur-Technik
bekommt durch Bewegungs-Armut neuen Kick,
es sinkt der Bedarf für Arzt-Praxis und Klinik.

Da Interesse an klassischen Status-Symbolen
werden Kreativität und Know-how überholen;
der Jugend bleiben sie heut´ schon gestohlen.

Die Vielseitigkeit in unserem Leben
wird uns deutlich mehr Impulse geben,
als nur passiv vor dem Fernseher zu kleben.

Wenn Roboter Spezialisten ersetzen

Die Politik muss Innovationen besser unterstützen,
damit Forscher sie nicht im Ausland schützen,
wo sie uns dann nichts mehr nützen.

Im Jahre zweitausendunddreißig
sind zwei Arbeiter für einen Rentner fleißig
und arbeiten sich schweißig.

Rentner werden in ihrer Tatkraft unterschätzt
sowie auch in ihrem Stolz auf Kreativität verletzt.
Es wird Zeit, dass man sich mit ihnen vernetzt.

Die Zukunft hat längst schon begonnen,
wie schnell ist die Zeit untätig verronnen,
denn erst kommt die Arbeit, dann das Sonnen!

Das Unwissen über die Zukunft ist breit,
aber genau deshalb empfinden wir Unsicherheit.
Darum informieren wir uns ausgiebig heut`!

Informations-Pflicht besteht besonders für Leiter,
denn Entwicklungen laufen nicht linear weiter,
sich stets auf Stand zu halten, ist da gescheiter!

Ethisch basierte Produkte und Verfahren
wünschen sich die Menschen seit Jahren,
die Zukunft zwingt, Tugenden zu bewahren.

Der „Gender-Shift" schafft Rollen-Verteilungen
in neuen veränderten Arbeits-Umgebungen,
wie sie vorher noch von keinem besungen!

Die Globalisierung wirft ihre Schatten voraus,
nicht immer erwachsen nur Vorteile daraus,
mit noch viel weniger Entwicklungsstaus!

Der schnelle technologische Wandel,
sowie die Vernetzung von Logistik und Handel,
wachsen schneller als der Baum aus einer Mandel!
.

Sind die vielen Politiker als Leien aus den Breiten
die zielgerichteten, zukunftsfähigen Gescheiten,
oder sieht man eher Fachleute, die die Zukunft
direkt transparent leiten?

Gremien, die sich nicht um zig Berater drehen,
selbst die Zusammenhänge gut verstehen,
die Probleme demokratisch, aber direkt angehen!

Wolfgang Hasenpusch

Der Autor verfolgt die Politik eifrig, allein schon um auf den Wanderungen mit Sportsfreunden mitreden zu können. Auch als Wahlhelfer ist er seit Jahrzehnten dabei, wo Wähler zum Teil unverblümt gedenken, ihren aufgestauten Unmut über politische Betroffenheit ablassen zu können.

Aus der Distanz fällt die Kritik an Politikern genau so leicht, wie an Fußballspielern, die eine Niederlage nach der anderen einfahren. Erfolglose Kicker und Trainer müssen jedoch schnell ihren Posten räumen. Politiker können wir anrufen, anschreiben und schließlich bestätigen oder abwählen. Der Gang zur Wahlurne ist für jeden allererste Bürgerpflicht!